Wadim Strielkowski (ed.)

Под редакцией В. Стриелковского

Modern tendencies of managing organizations: European practices and possibilities for Russia

Современные тенденции управления организацией: европейская практика и возможности для России

Charles University in Prague, Faculty of social sciences

Карлов Университет в Праге, Факультет общественных наук

Charles University in Prague, Faculty of social sciences
Карлов Университет в Праге, Факультет общественных наук

Reviewed by:
Рецензенты:

Ing. Inna Čábelková, Ph.D., Charles University in Prague
Инна Чабелкова, доктор наук, ведущая образовательного модуля
Fakulta humanitních studií, Univerzita Karlova v Praze, Center for Economic Reasearch and Graduate Education and Economic Institute (CERGE-EI)

Dr. Prof. Gregory Bubnov, MTI & Moscow Business School
Бубнов Григорий, профессор, доктор наук, Московский Технологический Институт, Академик РАЕН, завкафедрой предпренимательства в МУ имени Витте

Dr Evgeny Lisin, NRU MPEI
Лисин Евгений, к.э.н., Национальный исследовательский университет "Московский энергетический институт". Институт проблем энергетической эффективности. Кафедра экономики промышленности и организации предприятий.

ISBN 978-80-87404-39-3

110 pages/110 страниц
Подписано в печать: 24.04.2013
Тираж 300 экземпляров. Заказ № 02/13

Prague 2013
Прага 2013

Содержание

1. Предисловие

По мере того, как растет зависимость стран и регионов друг от друга, растет значение производственных и других организаций на всех уровнях экономики. В таких условиях управление современными организациями, передача и постановка идей, технологий и целых производственных процессов становятся важнейшими элементами роста конкурентоспособности на мировом рынке.

Не смотря на то, что Российская Федерация является одной из крупнейших стран мира и бесспорным лидером в Евроазийском регионе, российская система управления организацией имеет много устаревших методов и подходов, которые существенно снижают ее эффективность. В то же время сосед и стратегический партнер России – Европейский Союз (ЕС) – уделяет развитию управления организаций много внимания, понимая, что от этого зависит его конкурентоспособность.

Именно поэтому изучение новых методов ведения управления организациями, а также расширение контактов с зарубежными партнерами, является приоритетом как для фирм и компаний в Евросоюзе, так и для их собратьев в Российской Федерации.

Цель научного издания «Современные тенденции управления организацией: европейская практика и возможности для России» - привлечь внимание к проблемам современного управления организаций, способствовать совершенствованию методов и форм управления, обмену опытом и идеями в направлении повышения качества менеджмента, его стандартизации, и развития академической мобильности.

Данное научное издание содержит оценку широкого круга вопросов в области современных тенденций управления организацией. Материалы, представленные в данном издании, могут быть использованы студентами, магистрантами, аспирантами, преподавателями, специалистами, а также учеными, интересующимися европейская практикой управления организацией и её применения для России.

Прага, 22 апреля 2013 года

В. Стриелковски

доктор наук, Экономический институт, Факультет Общественных наук, Карлов Университет в Праге

2. Управление качеством высшего образования: опыт ЕС и уроки для Российской Федерации

Wadim Strielkowski
Charles University in Prague
Evgeny Lisin
National Reseasch University "Moscow Power Engineering Institute"
Elena Abramova
National Reseasch University "Moscow Power Engineering Institute"
Ekaterina Shelikova
National Reseasch University "Moscow Power Engineering Institute"

Аннотация

Проблемы качества высшего образования в настоящее время приобрели особую актуальность, поскольку подготовка высококлассных специалистов определяет уровень человеческого капитала государства, являющегося на сегодняшний день основным фактором социально-экономического развития. В работе рассматриваются существующие методы оценок качества образования, проводится сравнительный анализ применяемых подходов к оценке качества высшего образования в ЕС и России, в частности, успешного опыта общественной аккредитации и создания систем независимой оценки качества высшего образования.

В обобщенном виде понятие качества характеризует совокупность свойств предмета, удовлетворяющих определенным потребностям. Следовательно, качество является комплексной характеристикой. Тогда под качеством образования можно понимать комплекс характеристик профессионального сознания, определяющих способность специалиста успешно осуществлять профессиональную деятельность в соответствии с требованиями экономики.

Многие авторы [1-3] определяют качество образования как качество функционирования системы образования. Однако допускается и другая его трактовка - как достижение обучающимися нормативного уровня подготовленности [4].

Для социально-экономических субъектов в зависимости от стоящих перед ними целей понятие качества образования несет следующий смысл:

- для министерства - это коэффициент зачисленных и исключенных студентов, продолжительность учебного процесса, конкурсный балл;
- для института - это успеваемость, трудоустройство выпускника;
- для преподавателя - академическая подготовка студентов;
- для студентов - вклад в их индивидуальное развитие и подготовка к успешной карьере;
- для работодателя - это умение соединять теорию с практикой, адаптироваться к конкретным условиям предприятия.

Отсюда можно сделать вывод, что качество обучения является многоаспектным понятием и определяется результатом взаимодействия всех заинтересованных субъектов по ожидаемым требованиям. Перед высшим образованием стоит сложная задача максимально учесть все эти требования, а перед государством - осуществить контроль и создать условия для повышения качества обучения.

Однако, если минимальные требования (набор дисциплин и примерное их содержание) в какой-то степени сформулированы, то критериев оценки соответствия выпускников этим требованиям нет.

Анализ образовательного процесса показал, что он имеет много общего с любым производственным процессом, но в нем есть и принципиальные отличия:

1. Объектом деятельности вуза является человек, что исключает шаблонные подходы.
2. Целью образовательной деятельности является воспитание и подготовка специалистов, конкурентоспособных на мировом рынке.
3. Результативность образовательной деятельности зависит от эффективности научных исследований. Именно научная деятельность дает возможность профессорско-преподавательскому составу непрерывно совершенствовать и пополнять свои профессиональные знания и практический опыт.
4. Образовательный и научный процессы не могут плодотворно развиваться без информационных технологий.

Создание эффективно действующей системы управления вузом на основе удовлетворения критериям качества позволит существенно повысить уровень подготовки выпускников и их конкурентоспособность на рынке труда. Можно выделить несколько компонентов, определяющих качество образовательного процесса в вузе [4]:

- высокая роль профессорско-преподавательского состава, грамотная постановка учебного процесса и научной работы которого во многом определяет мотивацию студентов к обучению;
- наличие признанных научных школ, участие в работе которых вносит существенный вклад в формирование специалиста, отвечающего современным требованиям;
- наличие научного подхода к разработке рабочих учебных планов и программ дисциплин;
- степень обеспечения вузами возможности для самостоятельной работы студентов;
- степень внедрения информационных технологий в образовательный процесс;
- финансовая состоятельность вузов;

В мировой практике применяются репутационный, результативный и общий подходы к оценке качества работы вузов [2]:

- Репутационный подход использует экспертный механизм для оценки качества профессионального уровня образовательных программ и учебных заведений в целом.
- Результативный подход основан на измерении количественных показателей деятельности вуза.
- Общий подход базируется на принципах «всеобщего управления качеством» (Total Quality Management, TQM) и требований к системам менеджмента качества Международной организации по стандартизации (International Organization for Standardization, ISO).

Исторически сформировались две модели оценки качества - английская, в основе которой лежит внутренняя самооценка вузовского академического сообщества, и французская, основанная на внешней оценке вуза с точки зрения его ответственности перед обществом и государством.

Внутренняя система оценки качества образования организуется как система самооценки и самоаттестации учебных заведений и их подразделений. Выделяется следующие этапы контроля качества:

- Этап I - прием в вуз (входной контроль);
- Этап II - обучение в вузе (текущий контроль);
- Этап III - выпуск из вуза (заключительный контроль);
- Этап IV - оценка качества специалиста при приеме на работу, который завершает цикл формирования специалиста и определяет качество его профессиональной подготовки.

Внешняя система оценки качества образования представлена государственными институтами аккредитации учебных заведений и сертификации учебных программ. Кроме того, происходит формирование общественных институтов аккредитации на базе различных учебно-научных ассоциаций.

Основными методами оценивания являются оценка, аккредитация, аудит и ранжирование [5, 6]:

1. «Оценка» - инструмент оценивания качества, предполагающий несколько видов оценки: предметов, программы, учебного заведения в целом. При оценке предмета делается упор на качестве определенного предмета обычно по всем программам обучения, где этот предмет преподается. Оценка программы фокусируется на образовательной деятельности в рамках учебной программы. Оценка учебного заведения – на качестве организации работы вуза в целом (учебная, научная деятельность, материально-техническая база).
2. «Аудит» – это метод, в рамках которого оцениваются сильные и слабые стороны обеспечения качества образования. Основной задачей является обеспечение мониторинга и улучшения деятельности университета. Аудит наиболее распространен в Великобритании и Ирландии.
3. «Ранжирование» - метод оценки, обеспечивающий сравнение результатов по предметам, программам и учебным заведениям. Согласно заключению Европейской Ассоциации Университетов он позволяет осуществлять постоянный обмен положительным опытом.
4. «Аккредитация» - метод, который особенно активно применяется в Европейской системе обеспечения качества образования. Это система контроля качества образования, которая позволяет учесть интересы всех заинтересованных в развитии образования сторон и сочетает общественную и государственную формы контроля. Целью аккредитации

является обеспечении прогресса в высшем образовании за счет разработки критериев оценки эффективности образования.

Существуют два вида аккредитации [7]:

- Специализированная аккредитация (профессиональная) - оцениваются отдельные образовательные программы и деятельность вуза по подготовке специалистов.
- Институциональная аккредитация - оценивается учебное заведение в целом, как общественный институт.

Аккредитация университета подтверждает, что он имеет обоснованные цели и ресурсы для их достижения.

На данный момент в ЕС отсутствует единая система институциональной оценки деятельности университетов. В каждой стране существуют свои подходы к обеспечению и оценке качества высшего образования. [8]

Особенностью европейских систем оценки высшего образования является то, что государство имеет полномочия в формулировке конечных целей оценивания, определении ключевых ступеней, а также в организации образовательного процесса. В странах с централизованной системой образования функции оценки, аккредитации осуществляют соответствующие государственные ведомства.

Основными принципами создания внутривузовских систем обеспечения качества образования в университетах с позиции внешней оценки являются [8]:

- регулярные проверки уровня соответствия деятельности и содержания образовательных программ основным целям и задачам университета;
- наличие ответственного лица или структуры для проведения экспертных оценок деятельности и планирования развития университета;
- наличие обширной и эффективной информационной системы для поддержки процедур самообследования;
- регулярная самооценка деятельности (служб управления, программ) и экспертная оценка для проверки результатов самообследования университета;
- своевременная реакция на результаты внешних экспертиз путем совершенствования образовательных программ, перераспределения материальных и финансовых ресурсов.

В Великобритании создана многоступенчатая система

аккредитации университетов и их образовательных программ при главенствующей роли правительственной организации Quality Assurance Agency (QAA). Ряд британских вузов производит оценку образовательных программ других учебных заведений по согласованным с QAA критериям. Например, The Open University (OU) в 1992 году создал свою структуру - The Open University Validation Services (OUVS), которая занимается аккредитацией образовательных учреждений и ратификацией образовательных программ, в том числе за пределами Великобритании. [8]

Требованиями OUVS для аккредитации образовательных учреждений являются следующие:

- создание соответствующей образовательной среды;
- независимость в реализации образовательных программ;
- эффективная организация академической активности;
- эффективная система гарантий качества;
- наличие интеллектуальной собственности;
- открытость для внешних рекомендаций;
- финансовая безопасность.

Аккредитация OUVS имеет целью подтверждение следующих позиций:

- соответствие ресурсов организации (преподавательский состав, материальная база, информационные возможности, финансы) реализуемым образовательным программам;
- соответствие процедур внутренней системы гарантий качества образовательным стандартам;
- соблюдение прав студентов.

Также составляются рейтинги вузов в результате оценки различных показателей. В Германии переход к многоуровневой системе и интернационализация образования привели к созданию ряда аккредитующих организаций. По решению министерства в 1998 году в Германии был создан Аккредитационный совет по оценке программ подготовки бакалавров и магистров, который разработал минимальные стандарты и критерии для аккредитационных агентств. Ассоциация германских инженеров в 1999 году основала Аккредитационное агентство по инженерным и компьютерным наукам. В настоящее время активно работает Accreditation Agency for Study Programs in Engineering, Informatics, Natural Sciences and Mathematics (ASIIN) - агентство, аккредитующее образовательные программы в области техники, информатики, естественных наук и математики, а также другие агентства по различным направлениям подготовки специалистов [8, 9].

Во Франции за образовательную политику отвечает Министерство народного образования, научных исследований и технологий. Однако деятельность высших учебных заведений оценивается Национальным экспертным комитетом. Главная задача данного комитета заключается в оценке деятельности высших учебных заведений. Этот национальный орган подчиняется только Президенту. Экспертный Комитет регулярно собирает информацию о деятельности высших учебных заведений и ежегодно направляет Президенту отчет о своей работе и о положении дел в сфере высшей школы [9]. Во Франции результаты университетских проверок и оценок широко публикуются и дают возможность не только государству, но и обществу судить об академическом уровне высших учебных заведений. Данный механизм отражает централизованную систему высшего образования.

В скандинавских странах (Швеция, Норвегия, Финляндия) существует большое разнообразие в способах внешней оценки. В Швеции, например, основной упор делается на помощь учебным заведениям в разработке соответствующих инфраструктур. В Норвегии основное внимание уделяется оценке самого образовательного процесса и учебных программ. Причем процесс оценки проводится организациями, финансово поддерживаемыми правительством уже после того, как произведена самооценка учебного заведения. В Финляндии также сочетается сторонняя оценка и самооценка учебных заведений. Применяются также выборочные проверки отдельных университетов со стороны внешних наблюдателей. В Дании проверка проводится внешними организациями, финансируемыми правительством. При этом самооценка высших учебных заведений основывается также на информации, получаемой не самим учебным заведением, а внешними экспертами [8, 9].

Несмотря на то, что в ЕС преобладает государственная система оценки высшего образования, в настоящее время имеет место тенденция к большему развитию и распространению процессов самооценки в результате эволюции традиционных систем оценки высшего образования.

В России в настоящее время так же придерживаются «французской» модели. Основными элементами системы оценки и качества являются стандартизация и процедуры лицензирования, аттестации и аккредитации, а также комплексное оценивание образовательных учреждений в целом и отдельных специальностей на основе рейтинговой системы [10-12]. Все эти процедуры включают проведение внутренней проверки. Основой объективной оценки качества образования являются Федеральные государственные образовательные стандарты и федеральные государственные требования, а также образовательные стандарты, устанавливаемые университетами [11].

Если лицензия предоставляет университетам право на реализацию образовательным программ, прием абитуриентов, то государственная аккредитация позволяет вузам выдавать документы государственного образца об образовании.

Контроль за качеством образования осуществляет государство, а основными инструментами контроля являются государственные образовательные стандарты по специальностям, разрабатываемые Минобрнауки России. В образовательных стандартах сформулированы требования к кадровому, учебно-методическому и материально-техническому обеспечению учебного процесса, а также организации различного рода практик, итоговой государственной аттестации и уровню профессиональной подготовленности выпускников [10, 11].

Также был создан определенный задел в области общественной аккредитации вузов. В частности, 2002 году Минобрнауки РФ и Ассоциация инженерного образования России заключили соглашение о создании национальной системы независимой аккредитации программ в области техники и технологий и разработали критерии общественно-профессиональной аккредитации образовательных программ подготовки бакалавров в области техники и технологий [10].

Показатели государственной аккредитации в РФ разделены на две части [11]:

- показатели, определяющие статус учебного заведения;
- показатели, используемые для определения вида высшего учебного заведения (институт, академия, университет).

Показатели государственной аккредитации, используемые для определения вида вуза (институт, академия, университет) сформулированы в РФ следующим образом [10-12]:

1. Спектр реализуемых основных образовательных программ (реализуемые образовательные программы и контингент студентов по профилям подготовки).
2. Возможность продолжения образования по программам

послевузовского и дополнительного профессионального образования (реализация программ послевузовского профессионального образования (аспирантура, докторантура), контингент аспирантов и (или) докторантов, соискателей ученой степени кандидата и (или) доктора наук; диссертационные советы; реализация образовательных программ, профессиональной переподготовки и (или) повышения квалификации кадров).

3. Научные исследования (спектр наук, в рамках которых выполняются научные исследования; объем финансирования и результативность научных исследований).
4. Научно-методическая работа (изданные монографии; изданные учебники и учебные пособия с грифами государственных органов управления образованием, других государственных органов исполнительной власти, учебно-методических объединений).
5. Качественный состав научно-педагогических кадров (преподаватели с учеными степенями; преподаватели - доктора наук/профессора), процент преподавателей, работающих в вузе на полную ставку).

Спецификой российской системы оценки качества подготовки выпускников является оценка соответствия качества образования требованиям Государственных образовательных стандартов по четырем циклам дисциплин: гуманитарные и социально-экономические дисциплины; естественнонаучные и математические; общепрофессиональные; специальные.

Для подготовки экспертного заключения о качестве подготовки в РФ используются следующие методы оценок [11]:

- экспертный опрос с использованием трехбалльной шкалы: «соответствует», «соответствует в основном», «не соответствует»;
- контрольные (квалификационные) работы с использованием пятибалльной шкалы: «отлично», «хорошо», «удовлетворительно», «неудовлетворительно»;
- тестирование с использованием 100-балльной (процентной) шкалы.

Как отмечалось выше, помимо государственной, вузы могут получать общественную аккредитацию. Общественная аккредитация не предполагает каких-либо обязательств или финансовых гарантий со стороны государства. Система общественной аккредитации призвана выявлять приоритеты в высшей школе России, обеспечивающие уровень подготовки специалистов, превышающий требования ГОС ВПО по соответствующему направлению.

Несмотря на данную возможность система общественно-профессионального признания качества подготовки специалистов в вузах не получила должного развития и не дала ощутимых результатов на практике. Причиной этому послужило то, что общественные организации аккредитации не получили необходимой поддержки со стороны Минобрнауки России, международного признания российской национальной системы общественно-профессиональной аккредитации, а также не смогли заинтересовать вузы в аккредитации их образовательных программ.

На первый взгляд, в ЕС и России оценка качества высшего образования представлена двумя группами субъектов: внеобразовательными структурами, имеющими соответствующие полномочия и компетенции, и образовательной общественностью в виде различных университетских ассоциаций. Однако эта схожесть лишь внешняя. В отличие от российских субъекты оценки качества образования ЕС выполняют заказ не самой системы высшего образования, а ее потребителей: представителей бизнеса, прочих работодателей, абитуриентов. А это является основным залогом обеспечения качества обучения в вузах.

В связи с переходом на новые Федеральные государственные образовательные стандарты российское высшее образование разрабатывает инструментарий по оценки результатов своей деяетельности в виде формулировок компетенций выпускников. В вузах преподавательским корпусом разрабатываются методики и механизмы формирования заявленных дисциплинами образовательной программы компетенций бакалавров и магистров. Со стороны государства разработана Федеральная целевая программа развития образования на 2011-2015 годы, в которой в качестве одной из основных задач является «развитие системы оценки качества образования и востребованности образовательных услуг». При этом основным содержанием мероприятия будет создание технологий для оценки качества образования на основе разрабатываемой профессиональным сообществом системы профессиональных стандартов [13].

Таким образом, следует признать, что российская образовательная система сегодня предпринимает явные процессуальные изменения, направленные на приведение в соответствие мировым стандартам качества высшего образования, однако, сохраняет прежние тенденции оценивания процесса и условий обучения, а не его результатов. Для повышения престижа российского высшего образования и его интеграции в международное научно-образовательное пространство решение данного вопроса должно быть системным. Для этого может быть использован успешный опыт общественной аккредитации и создания систем независимой оценки качества высшего образования, накопленный в странах ЕС с необходимой адаптацией под реалии российской системы образования.

Литература

1. Горбашко Е. А. Обеспечение качества высшего образования: перспективы развития // Стандарты и качество. 2008. № 11.
2. Гусев Ю. В. Обеспечение качества высшего образования: концептуальная и системная проблема // Качество. Инновации. Образование. 2007. № 3.
3. Васильева Е.Ю. Удовлетворенность работодателей качеством подготовки выпускников вузов в высоко-технологичном секторе рынка труда //Университетское управление: практика и анализ. 2010. № 4.
4. Авраамов Ю.С. Проблемы оценки качества высшего профессионального образования // Аккредитация в образовании. 2008. № 20. Февраль.
5. Процедуры оценки качества в Европейском высшем образовании. Исследование ЕСОК. Международная Статегическая Группа Экспертов. www.iseg.ru/sessions/s6/dieced.doc
6. Свиридова Н.В., Сазонова И.В. Сравнительный анализ эффективности и результативности вузов //Университетское управление: практика и анализ. 2011. № 4.
7. Гладких Б. А. Может ли Болонский процесс стимулировать повышение качества и эффективности образования в российском вузе // Экономика образования. 2007. - № 6.
8. Система оценивания качества образовательного процесса в европейских странах (Великобритания, Дания, Нидерланды, Норвегия, Финляндия, Швеция) и США [Электр. ресурс] - М.:2009 http://www.pssw.vspu.ru/other/science/publications/chaper1_quality.htm

9. Отчет «Система обеспечения качества образовательной деятельности», ГОУ ВПО «АНХ при Правительстве РФ», 2007.
10. Болотов В. А. Система оценки качества российского образования/В. А. Болотов, Н. Ф. Ефремова. //Педагогика. 2006. № 1.
11. Кара Анна. Оценка конкурентоспособности специалистов на основе комплексной системы показателей //Проблемы теории и практики управления. 2011. № 7.
12. Гайнуллина Л. Построение вузовской системы гарантии качества образования /Л. Гайнуллина, Ю. Камашева. //Высшее образование в России. 2007. № 9.
13. Федеральная целевая программа развития образования на 2011-2015 годы, утвержденная постановлением Правительства Российской Федерации от 7 февраля 2011.

3. Нейминг образовательного учреждения: рыночные возможности и варианты

Аликперов И.
кандидат экономических наук, доцент,
кафедра теории и практики управления организацией
Института кадрового развития и менеджмента,
Уральский государственный педагогический университет

Аннотация

Образовательным учреждениям приходится все больше учитывать рыночные законы и использовать маркетинговые инструменты в управлении в связи с растущей рыночной конкуренцией и изменением нормативно-правовых основ деятельности. Предметом исследования является маркетинговая деятельность образовательных организаций, а целью – обоснование необходимости разработки торговых марок (нейминга) на основе анализа опыта зарубежных и отечественных организаций, а также описание этапов создания торговой марки образовательных учреждений. Использованные методы исследования – анализ, наблюдение, сравнение, обзор профильной литературы. Результатом исследования является выявление необходимости и маркетинговых возможностей успешного развития образовательных организаций с помощью нейминга, алгоритм создания торговой марки. Область применения результатов исследования - управление профессиональным средним и высшим образованием. Основные выводы: маркетинговые возможности в деятельности образовательных организаций используются пока недостаточно и традиционно, вместе с тем новый Закон РФ «Об образовании» и конкурентная рыночная среда должны стимулировать менеджмент использовать различные элементы комплекса маркетинга для продвижения образовательных услуг, среди которых нейминг может сыграть значительную роль.

Успех любой организации на рынке определяется многими факторами: качеством товаров и услуг, ценовой и рекламной политикой, репутацией и имиджем, точным выбором целевой аудитории, ее стимулированием и лояльностью. Все эти факторы относятся к маркетинговой деятельности, без которой невозможно достижение конкурентных преимуществ на рынке, а значит и коммерческих целей.

Работа в рыночных условиях способствовала накоплению опыта и разработке маркетинговых инструментов для оказания образовательных услуг на всех уровнях образования. Тем не менее, один из важных элементов комплекса маркетинга в сфере образования пока используется очень слабо – торговая марка продукта (организации). Принятый в конце 2012 года Закон РФ «Об образовании», новые институциональные условия, рыночная среда способствуют переходу образовательных учреждений к работе в новых условиях, в которых требуется соблюдать рыночные законы. Всем известны на потребительском рынке торговые марки (бренды) компаний, занимающихся производством и сбытом одежды, парфюмерии, продуктов питания, бытовой и компьютерной техники и т.д., в то же время образовательные учреждения (за исключением дошкольных) использует ограниченные подходы к неймингу (формированию названий и торговых марок). Такой подход был понятен в условиях командно-административной системы, когда за ресурсное обеспечение и управление полностью отвечало на государство. В условиях рыночной экономики и конкуренции нейминг и брендинг являются важными инструментами продвижения организаций и их продуктов к целевым потребителям, пока что недооцененными и мало используемыми в отечественной сфере образования.

В пределах определенного в уставе образовательной организации предмета основной деятельности образовательная организация вправе реализовывать образовательные программы разного уровня и направленности и оказывать образовательные услуги, как безвозмездно, так и за плату, в том числе и услуги в рамках дополнительного образования. Тем самым на рынке образовательных услуг будет усиливаться конкуренция между государственными образовательными учреждениями, а также государственными и частными. Данный процесс усложняется переходом к автономности деятельности организаций, а также образованием новых предпринимательских структур в сфере образования, которые тоже заинтересованы в получении доходов. В этих условиях менеджменту приходится искать дополнительные ресурсы и возможности для привлечения внимания к своим услугам, чтобы быть конкурентоспособной и доходной организацией.

Понятие торговая марка пришло к нам наряду с иными маркетинговыми реалиями с Запада, где давно продуктивно существовала такая словесная единица как trademark, означающая «фабричная марка, заводская марка, клеймо». Развитие торговли в 19 веке обратило внимание многих торговцев на принцип клейма, бытовавший у скототорговцев. Ведь клеймо, предназначенное для защиты скота от воровства и прочих недоразумений, уже тогда ярко демонстрировало основной принцип маркетинга — рекламу товара. Торговцы быстро сообразили, что создание имени для своей деятельности значительно увеличивает шансы запомниться покупателю, нежели статус инкогнито. Момент тотальной безграмотности также учитывался при создании товарного знака, что позволяло делать уклон на создание символов или изображений, а не словесных форм. Так и родилась торговая марка как способ заявить о себе на любом рынке.

Торговая марка организации – это имя, термин, знак, символ, логотип или их сочетание предназначенные для идентификации товаров и услуг компаний на рынке. Любая компания, нацеленная на развитие и решение амбициозных задач, занимается брендингом, чтобы было проще продвигать свои продукты и расширять сферы бизнеса.

В вопросах нейминга и брендинга до сих пор руководители образовательных учреждений очень консервативны. *Нейминг* - процесс разработки названия организации, его торговой марки. Это сложный, творческий, комплексный маркетинговый процесс, так как название организации и ее продуктов не должны быть случайными и обладать важными свойствами:

- оно должно содержать намек на выгоды продуктов организации;
- гарантировать их определенное качество;
- быть привлекательным и понятным для целевой аудитории – текущей и потенциальной;
- должно быть легким для произношения, узнавания и запоминания;
- должно четко отличаться от других названий.

При поиске названия организации обычно используются следующие варианты:

- имена собственные, например, основателя или легендарного руководителя;

- придуманное название;
- мифологические образы;
- числа;
- инициалы;
- географические названия;
- иностранные слова;
- различные сочетания предыдущих подходов.

Также в процессе развития организации может использоваться ренейминг – переименование организации в связи с новым статусом или возможностями. Данный процесс будет происходить во многих образовательных учреждениях в связи с принятием нового Закона РФ об образовании, реформированием и ужесточением требований к организациям, совершенствованием маркетинговой деятельности в управлении.

Превращение торговой марки в известное фирменное название – не просто имиджевый процесс, результатом которого является признание и лояльность целевой аудитории (и не только ее). Важность известной торговой марки определяется следующими коммерческими причинами:

- облегчается идентификация продуктов и самой организации;
- повышается ответственность организации за свои продукты и услуги;
- гарантируется, что продукт организации обладает определенным качеством;
- обеспечивается юридическая защита продуктов организации от подделок, краж секретов, незаконного использования;
- сокращаются затраты на маркетинг при раскрученности бренда;
- организации проще выводить новые продукты на рынок, расширять комплекс услуг;
- уважаемый бренд укрепляет корпоративный имидж;
- это является нематериальным активом организации.

В образовательных учреждениях нейминг, а тем более брендинг пока еще не стали инструментами маркетинговой политики по продвижению своей организации и ее продуктов на рынок. В условиях командно-административной системы не было такой необходимости в силу отсутствия рыночных отношений, конкуренции и самостоятельности самих организаций. Исключением из правил были названия детских дошкольных учреждений, которым наряду с официальным номенклатурным статусом присваивали эмоциональное («Колобок», «Солнышко», «Радуга» пр.), что было связано с контингентом посетителей. К сожалению, в настоящее время в рыночных условиях по прежнему в основном дошкольные учреждения, особенно частные, отличаются особым подходом к неймингу, учитывая реалии рынка и возможности его сегментирования. Остальные образовательные учреждения (за исключением творческих и частных) придерживаются старого марочного подхода.

На сегодняшний день можно выявить следующие подходы к названию (торговой марке) образовательных учреждений среднего и высшего уровня. Обычно это сложное название, включающее несколько вариантов нейминга:

- географическая часть (екатеринбургский, уральский, новосибирский, омский, серовский);
- организационно-правовая форма учреждения (федеральный, областной, муниципальный, ИП, ООО);
- отраслевой подход (педагогический, сельскохозяйственный, гуманитарный, экономический, физико-математический и пр);
- уровень образования (дошкольное, общее, среднее профессиональное, высшее);
- тип образовательного учреждения (дошкольное, общеобразовательное, профессиональная, организация высшего образования, а также организации дополнительного образования);
- вид образовательной организации (для средних – школа, лицей, гимназия; для профессиональных – профессиональный лицей, техникум; для высших – колледж, институт, университет);
- нумерация (для общеобразовательных, профессиональных, дошкольных учреждений).

И только редкие учебные заведения (кроме дошкольных) используют другие подходы к неймингу. В общеобразовательных муниципальных организациях встречается в названии имя директора школы, имеющих заслуги в руководстве организацией, – 110 школа им. Л.Гришиной, гимназия №8 им.С.Дягилев в г.Екатеринбурге. В частных заведениях придумывается название, отвечающего уровню и специфике спроса целевой аудотории (гимназии «Екатеринбург-Париж», правовой лицей им. Е.Кастеля,

«Славянская школа»).

Проанализировав названия двухсот ведущих университетов России было выявлено использование в основном географического и отраслевого подхода, а присвоение персональных имен связано либо с политическим подходом, как например, МВТУ им.Н.Баумана или сравнительно недавнее переименование – Уральский политехнический институт в Уральский федеральный университет им.Б.Ельцина, либо с увековечением выдающихся ученых (Московский государственный университет им.М.Ломоносова, Первый Московский государственный медицинский университет им.И.М.Сеченова).

Все это номенклатурно-бюрократические подходы к неймингу, отражающие соответствующий стиль управления, который сохранился, несмотря на рыночные преобразования, пока в меньшей степени затронувшие государственные образовательные организации.

Если обратиться к опыту нейминга в европейских и американских образовательных организациях, то можно обнаружить следующие подходы. В американских школах названия отражают уровень образования (колледж), организационно-правовой статус (частная, муниципальная), географическое местоположение (в редких случаях, по имени основателя). В европейских общеобразовательных организациях тот же подход, но в уровне образования добавляются лицеи и гимназии, а также чаще, чем в США используются имена собственные (основатели учебных заведений). В таблице 1 [6] приведены названия ведущих университетов мира в 2012 году по версии Times Higher Education (первая тридцатка), в которых отражены общемировые подходы к неймингу университетов: прежде всего географическое местоположение (регион, город, район), уровень образования, в редких случаях – отраслевой подход, что связано с многофункциональностью деятельности, большим выбором учебных специальностью. Лучшие и самые известные университеты мира стали брендами, и этот бренд отражает либо географическое расположение университета (Сорбонна, Оксфорд, Принстон, Беркли, Стэнфорд, Калифорния и т.д.), либо название связано с именами меценатов и благотворителей, которые помогали становлению университетов (Э.Йель, Дж.Харвард, Дж.Хопкинс).

Таблица 1

Рейтинг университетов мира в 2012 г. по версии Times Higher Education

Место	Учреждение	Страна	Общий балл
1	California Institute of Technology	United States	94.8
2	Harvard University	United States	93.9
2	Stanford University	United States	93.9
4	University of Oxford	United Kingdom	93.6
5	Princeton University	United States	92.9
6	University of Cambridge	United Kingdom	92.4
7	Massachusetts Institute of Technology	United States	92.3
8	Imperial College London	United Kingdom	90.7
9	University of Chicago	United States	90.2
10	University of California, Berkeley	United States	89.8
11	Yale University	United States	89.1
12	Columbia University	United States	87.5
13	University of California, Los Angeles	United States	87.3
14	Johns Hopkins University	United States	85.8
15	ETH Zürich - Swiss Federal Institute of Technology Zürich	Switzerland	85
16	University of Pennsylvania	United States	84.9
17	University College London	United Kingdom	83.2
18	University of Michigan	United States	82.8
19	University of Toronto	Canada	81.6
20	Cornell University	United States	80.5
21	Carnegie Mellon University	United States	78.4
22	University of British Columbia	Canada	77.4
22	Duke University	United States	77.4
24	Georgia Institute of Technology	United States	77
25	University of Washington	United States	76.5
26	Northwestern University	United States	76.2
27	University of Wisconsin-Madison	United States	75.8
28	McGill University	Canada	75.5
29	University of Texas at Austin	United States	74.9
30	University of Tokyo	Japan	74.3

С целью изучения отношения руководителей к реформированию правового статуса образовательных учреждений, развитию конкуренции в образовательной сфере и названию (торговой марке), был проведен опрос данной категории респондентов. В октябре-ноябре 2012 года автором было опрошено 67 человек - директора и заместители образовательных организаций (школ, гимназий, дошкольных учреждений)) Екатеринбурга, Богдановича, Ревды, из них 59 человек – женщины, возраст руководителей от 34 до 58 лет. На вопрос о необходимости использования новых подходов к наименованию образовательных организаций большинство из них ответило “да» (56 чел. или 83%). Объективными причинами ренейминга были названы:

- новые рыночные возможности оказания образовательных услуг – 88%;
- усиление конкуренции на данном рынке – 76 %;
- необходимость соответствия целевой аудитории – 53%;
- важность отстройки от конкурентов и четкого позиционирования на рынке – 39%.

Среди тех, кто не хочет перемен в названии образовательных учреждений, - в основном руководители старше 50 лет, женщины, больше работников общеобразовательных организаций, чем дошкольных. Их устраивают нынешние названия, так как это привычно, уже узнаваемо, понятно, то есть для них характерен консервативный подход к неймингу.

На вопрос, какие подходы в разработке торговой марки будут наиболее эффективными в названиях образовательных учреждений, ответы распределились следующим образом:

- придуманные названия – 67%;
- имена собственные, в том числе в честь выдающихся деятелей образования – 61%;
- мифологические образы – 52 %;
- числа – 47%;
- географические названия – 38%;
- иностранные слова – 27%.

Данные подходы будут дополнительным эмоциональным аргументом к организационно-правовой форме, уровню образования, виду образовательного учреждения и отраслевому подходу. Кроме того, придуманная торговая марка прежде всего запоминается в рекламных кампаниях, без которых в условиях растущей конкуренции в сфере образовательных услуг будет невозможно продвигать образовательные продукты, эффективно выделять организации среди потенциальных потребителей.

Еще одним аргументом в пользу использования торговой марки является расширение применения франчайзинговых отношений не только среди коммерческих компаний, но и в образовательной сфере, так как оптимальной и эффективной организационной рыночной структурой сегодня является сетевой бизнес, позволяющий использовать положительный эффект закона масштаба производства продуктов с учетом значительных первоначальных затрат. Раскрученная и уважаемая торговая марка образовательной организации будет способствовать ее распространению в регионах, как это сейчас происходит с различными школами и студиями по развитию творческих и спортивных способностей детей и взрослых.

Разработка торговой марки образовательной организации включает следующие этапы.

1.Разработка (уточнение) стратегии развития образовательной организации и плана маркетинга. На данном этапе выбирается стратегическая цель развития (с точки зрения маркетингового плана – стратегия развития продуктового и марочного портфелей, их уровень и дифференциация, ценность и степень новизны, на какую целевую аудиторию рассчитаны, какую долю рынка услуг претендует организация и пр.) В процессе разработки стратегии развития организации учитываются не только локальные рыночные возможности, но и трендхантинг – анализ глобальных трендов и перспектив развития отраслевого рынка, так как российский рынок, в том числе образовательных услуг, повторяет через определенные лаг времени конъюктуру американского и европейского рынков, правда с учетом особенностей развития страны и регионов.

2.Проведение анализа конкурентной среды, что позволяет выявить сильные и слабые стороны организации и возможные пути ее развития. Это поможет выявить рыночные тенденции и возможности для продвижения разрабатываемой торговой марки, ее отстройки от возможных конкурентов, определить запросы потенциальной целевой аудитории и возможные подходы к разработке торговой марки.

3.Определение потенциальной целевой аудитории, для которой предназначены образовательные услуги с учетом демографических, социальных, личных и психологических параметров. Это поможет точнее определить эмоциональные и рациональные ожидания потребителей от ценностей образовательных продуктов.

4.Разработка концепции и вариантов торговой марки образовательного учреждения. На этом этапе целесообразно использовать логические и интуитивные методы разработки названия. К логическим методам относятся морфологический и проблемный анализ, которые лучше использовать на начальном этапе разработки, так как здесь формируется концепция новой торговой марки, описывается целевая аудитория, выявляются ее проблемы и ожидания. Интуитивные методы («мозговой атаки», «635», синектика и другие) больше подходят для креативного процесса, когда необходимо определиться с направлением и широтой поиска названия, выбрать один из подходов к названию, придумать то самое название, которое поможет определить профиль организации, выделить ее в конкурентной среде, обеспечить продвижение как самой организации, так и е услуг. Проведение чекконтроля позволит оценить основную идею марки, ее ценность для целевой группы, сформировать эмоциональные и логические составляющие торговой марки, фокусирующие внимание целевого потребителя на марке и делающие ее уникальной. Для этого надо создать также визуальные и аудиальные образы (торговое имя, логотип, фирменный стиль, слоган, видео- и - звукоряд), которые будут зафиксированы в фирменном бренд буке.

5.После согласования придуманной торговой марки необходимо согласовать ее с топ-менеджментом или учредителями образовательной организации, у которых свои представления о концепции и визуализации торговой марки организации и для которых необходима четкая аргументация и обоснование выбранной торговой марки.

6.Вербализация и визуализация торговой марки с целью ее дальнейшего продвижения на целевой рынок. Вербализация — это не только создание имени, которое можно защитить авторским правом. Это еще и разработка языка общения: манеры общения, стиля письма и разговора. В результате создаются: защищенное имя, слоган, дескрипторы и правила создания текстовых (вербальных) материалов. Ограничиваться знаком и логотипом можно, но шанс на то, что именно по ним организацию распознают в море информации — год за годом резко стремится к нулю. Поэтому крайне необходимо максимизировать собственную узнаваемость, используя все возможные приемы.

Для визуализации торговой марки необходима разработка системы визуальных идентификаторов: охраноспособного знака, логотипа, фирменного шрифта, композиционных приемов оформления, иллюстративных материалов. Лучшим способом разработки является привлечение дизайнеров

- это самое эффективное средство выражения преимуществ продукта. Когда полностью используются возможности объема, цвета и формы, образовательный продукт воспринимается самым естественным способом - глазами.

7. Тестирование разработанной торговой марки с целью выявления у потенциальной целевой аудитории привлекательности, интереса, понимания, узнавания, запоминания, произношения, отстройки от конкурентов, а также понятны ли из названия выгоды и ценности услуг организации. После проведения соответствующего исследования вносятся коррективы или в название, но чаще всего в элементы логотипа (рисунок, цвет, звук).

8.Регистрация торговой марки в Роспатенте. На данном этапе нейминга прежде всего значительны временные и финансовые ресурсы, которые необходимы для получения возможных будущих дивидендов, если организация из торговой марки сможет превратить марку бренд. В случае выявления возможных совпадений с другими торговыми марками - его корректировка. После завершения этого этапа разработки имеется возможность оформлять документы на регистрацию товарного знака и использовать его как нематериальный актив организации.

9.Разработка программы продвижения торговой марки с помощью различных маркетинговых технологий и ее реализация. В ней должно быть четко указано: когда, где, для кого и какие мероприятия провести, чтобы сформировать успешную торговую марку (бренд) и получить от этого отдачу. Программа будет включать в себя характеристику каждого рынка и каждой целевой группы потребителей; описание необходимых для воздействия на них мероприятий, календарный план-график реализации программы, учитывающий необходимые ресурсы; бюджет продвижения; а также прогноз эффекта планируемых мероприятий.

На этапе реализации реализуется коммуникационная программа по выходу марки на рынок с использованием ATL и BTL мероприятий. В итоге сфокусированная и четко ориентированная кампания по продвижению сформирует четкий образ марки у целевых потребителей и его положительное восприятие ими. Таким образом, итогом выхода марки на рынок должна стать ее успешность: последующее превращение марки в бренд.

10.Оценка эффективности выхода марки на рынок. Оценка эффективности является завершающим этапом работ по неймингу. Она позволит определить, насколько достигнуты цели, стоявшие в начале реализации проекта, оценить результаты выхода марки на рынок и ее успешность на рынке.

Данная методика позволяет также на определенном этапе развития образовательного учреждения проводить ренейминг, рестайлинг, ребрендинг, потребность в которых возникает на новом этапе развития организации в случае изменения рыночной конъюктуры, нормативно-правового законодательства.

Использование принципов нейминга в деятельности образовательных организаций -новый, и тем нее менее необходимый шаг в новых рыночных и правовых условиях. Активное и профессиональное использование этих принципов частными образовательными организациями свидетельствует об актуальности нейминга как эффективном инструменте продвижения организации и ее продуктов, важности эмоциональной привязки аудитории к деятельности организации с помощью этого элемента комплекса маркетинга. Рыночная среда и равенство статуса образовательных организаций всех уровней и их услуг вне зависимости от формы собственности будут стимулировать руководителей к поиску новых форм и инструментов завоевания доверия со стороны потребителей

Литература

1.Закон РФ «Об образовании», декабрь, 2012 г.
2.Головлева Е. Торговая марка: теория и практика управления. М.: Аспект Пресс, 2009. 166 с.
3..Прингл Х., Томпсон М. Энергия торговой марки. СПБ: Питер, 2003. 288 с.
4.Тейлор Н. Выбор имени или все о нейминге. М.: ЗАО «Олимп-Бизнес», 2010, 196 с.
4.Чармэссон Г. Торговая марка. СПБ: Питер, 2009. 222с.
5.Яненко М. Торговые марки в товарной политике фирмы. СПБ: Питер, 2005.186 с.
6. qwester.ru
7. http://ubo.ru/

4. Опыт управления миграционными процессами в субъектах Российской Федерации

Синякова М.
профессор, кандидат педагогических наук,
директор Инстиутата кадрового развития и менеджмента
Уральский государственный педагогический университет

Аннотация

В последние годы наблюдается увеличение потока мигрантов в Россию, и в частности в Свердловскую область из стран СНГ. В этой связи основными целями миграционной политики на территории Свердловской области являются устойчивое социально-экономическое и демографическое развитие Свердловской области, сохранение национальной безопасности и социальной стабильности, использование интеллектуального и трудового потенциала мигрантов для достижения поставленных перед Свердловской областью задач. Предметом исследования являются принципы и направления миграционной политики Свердловской области, а целью – изучение опыта работы с мигрантами в Свердловской области. Использованные методы исследования – анализ, наблюдение, обзор профильной литературы. Результатом исследования являются выявленные перспективные и эффективные направления работы с мигрантами в Свердловской области. . Область применения – миграционная политика России и Свердловской области, в частности. Основные выводы: изучение имеющегося опыта и возникающих проблем в работе с трудовыми мигрантами свидетельствует о том, что эта работа должна вестись более активно и масштабно и требует серьезной правовой поддержки со стороны государства и субъектов РФ

Свердловская область сегодня – один из стабильно развивающихся и инвестиционно привлекательных регионов Российской Федерации. Экономический рост предприятий, успешное функционирование сектора предпринимательства, повышение благосостояния жителей делает Свердловскую область привлекательной для мигрантов.

Не смотря на то, что Свердловская область не входила в число регионов, официально рекомендованных к обязательному приему бывших наших соотечественников, оказавшихся в силу распада СССР за пределами своей этнической родины, тем не менее, в 90-е годы прошлого столетия было зарегистрировала около 50 тысяч беженцев и вынужденных переселенцев. Наибольшее количество переселенцев было зафиксировано в 1994-1995 годах. Массовый приток вынужденных мигрантов (вынужденных переселенцев) в область достиг пика в первой половине 90-годов. Именно в этот период в Свердловской области была создана Миграционная служба (1992 г.).

По мере того, как их проблемы решались, поток вынужденных переселенцев снижался. В настоящее время сокращение численности вынужденных переселенцев является объективной реальностью, но любое изменение политической, национальной и социальной обстановки в странах ближнего зарубежья и в Российской Федерации может вызвать новое увеличение числа данной категории граждан.

В начале XXI века миграционные потоки значительно изменились. Речь сегодня идет о трудовой миграции. Сегодня в Россию, и в частности в Свердловскую область едут на работу жители стран СНГ. Особенность этой рабочей силы является, прежде всего, не знание русского языка, культуры России, особенностей социально-экономической ситуации. Нынешние мигранты в большинстве своем никогда не жили в СССР, и современная Россия для них – самая настоящая «заграница», в которой им придется выживать.

В этой связи основными целями миграционной политики на территории Свердловской области являются устойчивое социально-экономическое и демографическое развитие Свердловской области, сохранение национальной безопасности и социальной стабильности, удовлетворение потребности организаций Свердловской области в трудовых ресурсах, использование интеллектуального и трудового потенциала мигрантов для достижения поставленных перед Свердловской областью задач.

Миграционная политика Свердловской области основывается на следующих принципах: приоритетность обеспечения устойчивого социально-экономического развития Свердловской области; протекционизм в отношении граждан Российской Федерации; соблюдение и защита трудовых прав мигрантов; недопустимость расовой, этнической, религиозной и других видов дискриминации мигрантов; формирование толерантного отношения местного населения к мигрантам; создание условий для саморазвития и самообеспечения мигрантов; взаимодействие законодательных (представительных) органов и органов исполнительной власти с общественными объединениями мигрантов; обеспечение общественной безопасности на территории Свердловской области.

Важнейшими из перспективных задач миграционной политики в Свердловской области являются:

- организационно-правовое обеспечение регулирования внешней трудовой миграции;

- регулирование процессов внешней трудовой миграции и привлечения иностранной рабочей силы на территорию области с учетом интересов социально-экономического развития Свердловской области и муниципальных образований, являющихся территориями вселения;

- развитие трудового потенциала и повышение эффективности занятости населения Свердловской области и др. [3].

В целом миграционная политика области развивается с учетом глобальных изменений в миграционной политике зарубежных государств, как стран бывшего СССР, так и государств так называемого «дальнего зарубежья». В частности, с 1993 года действует Устав СНГ, который регламентировал создание Экономического Союза предполагающего свободу перемещения товаров, услуг, капиталов, рабочей силы, таможенной политике и так далее. Аналогичные соглашения существуют и с другими мировыми державами. В социально-гуманитарной сфере приняты такие важные документы, как «Конвенция о правах и основных свободах человека», «Конвенция об обеспечении прав лиц, принадлежащих к национальным меньшинствам». Кроме того, в Российской Федерации реализуется «Положение об основных направлениях государственной политики в отношении соотечественников, проживающих за рубежом» и ряд других. Данная нормативно-правовая база должна способствовать стабилизации международных отношений в сфере миграционной политики зарубежных государств и России.

Однако события последних лет в сфере миграционных отношений говорят о том, что в миграционной политике существует ряд проблем, как объективного, так и субъективного характера. Для реализации миграционной политики и выполнения ее задач необходим соответствующий механизм, предусматривающий институциональное, правовое, финансовое, информационное, научное и кадровое ее обеспечение.

Но одной из важнейших проблем в работе с трудовыми мигрантами является сложность в правовом и организационном обеспечении их профессионального обучения. Дело в том, что на современном этапе ни в одной стране мира не достигнуто равенства возможностей в получении профессионального образования. С учетом важности этой проблемы для развития современной экономики и выравнивания социальной структуры общества правительства всех стран прилагают значительные усилия к ее решению [2].

Один из ключевых факторов социальной защищенности внешних трудовых мигрантов является уровень их профессиональной подготовленности. По существующим данным более 90% этой категории трудовых ресурсов нуждаются в профессиональном развитии.

Более того, современный рынок труда и непрерывное развитие производственных технологий требуют соответствующий уровень профессиональной квалификации, который порождает регулярную переквалификацию в течение всей жизни.

Известно, что для профессионального обучения мигрантов за рубежом (США, Канада, Германия) создаются профессиональные образовательные центры, финансируемые государством и работодателями, главная цель которых состоит в подготовке квалифицированных рабочих из числа мигрантов, не обладающих необходимыми трудовыми навыками. Тем самым обеспечивается доступность образования по отношению к детям и молодежи любой национальности и вероисповедания, демократизация, открытость образования для других культур, учитываются поликультурные и полиэтнические факторы, создаются и реализуются адаптационно-образовательные программы для мигрантов, сглаживающие напряжение в обществе, озабоченном наплывом иностранцев [1].

Подобный опыт имеют и крупные города России. Так, в Санкт-Петербурге в 2009 году был создан «Межрегиональный центр образования мигрантов государств-участников СНГ» (МЦОМ). Его деятельность охватывает достаточно большой спектр общественных задач по адаптации мигрантов в новых социокультурных и трудовых условиях. Особенно важным является опыт работы этого Межрегионального центра по следующим направлениям:

- разработка и осуществление образовательных программ для

трудовых мигрантов, пребывающих в государствах-участниках СНГ, по ознакомлению с национальными правовыми, культурными и социальными аспектами пребывания на территориях государств-участников СНГ;

- повышение уровня ознакомления трудовых мигрантов, пребывающих в государствах-участниках СНГ, с национальными языками, правовыми, культурными и социальными аспектами пребывания на территориях государств-участников СНГ;

- объединение в единую профессиональную организацию и координация деятельности квалифицированных специалистов в области образования трудовых мигрантов, пребывающих в государства-участники СНГ, а также юридических лиц, специализирующихся в области образования мигрантов, оказания услуг в области образования взрослых и просветительской деятельности, повышения квалификации трудовых мигрантов и сотрудников центров обучения мигрантов в государствах-участниках СНГ;

- организация и проведение аттестации специалистов в области образования трудовых мигрантов в целях повышения их профессионального статуса и значимости на профессиональном рынке труда и услуг;

- разработка методологии и методики образования трудовых мигрантов;

- совершенствование профессиональной деятельности персонала организаций, связанного с образованием трудовых мигрантов, формирование положительного общественного мнения о добросовестно работающих специалистах миграционных служб и организаций образования трудовых мигрантов (далее Специалистах), защита интересов Специалистов в законодательных и исполнительных органах власти, а также социальная защита Специалистов.

На Среднем Урале в рамках проекта «Мосты добрососедства» в Центре комплексной поддержки мигрантов общественной организации «Уральский дом» (г. Заречный) стартовали курсы по обучению трудовых мигрантов русскому языку и курсы по их адаптации и интеграции в российское социокультурное пространство. Данный проект поддержало все миграционное сообщество Свердловской области, т.е. члены Общественно-консультативного совета при УФМС по Свердловской области. Это бесплатные курсы, которые посещают в основном трудовые мигранты из Центральной Азии. Возраст учащихся - от 9 до 45 лет.

Профессиональный преподаватель обучает их русскому языку, а члены ОКС при УФМС рассказывают им о традициях и культуре России, правилах и нормах поведения, а также о том, как вести себя с представителями органов правопорядка, как получить необходимые разрешительные документы [4].

Имеется также опыт совместного обсуждения проблем взаимодействия городского сообщества и мигрантов. Так в 2008 году в Екатеринбурге состоялся Круглый стол «Общество и мигранты: от адекватной информации к разумному сосуществованию» [3]. В работе круглого стола приняли участие представители государственных, общественных и коммерческих организаций, работающих в сфере миграции в Свердловской области и Республике Таджикистан.

На конференции был рассмотрен позитивный опыт защиты прав трудовых мигрантов и названы проблемы, связанные с деятельностью посреднических организаций; озвучены типичные ошибки, совершаемые мигрантами при трудоустройстве и оформлении пребывания в России, на примере опыта работы Управления ФМС по Свердловской области, Миграционной службы Республики Таджикистан, Уполномоченного по правам человека Свердловской области, ОГУ «Свердловский областной миграционный центр», ОО «Уральский дом» (г. Заречный, Свердловской области), регионального общественного Фонда «Таджикистан» (г. Москва), общественного Фонда «Перспектива+», Управления Федеральной службы по надзору в сфере защиты прав потребителей и благополучия человека, Консульского управления Министерство иностранных дел Республики Таджикистан, отдела организации трудоустройства, социального партнерства и трудовой миграции Департамента государственной службы занятости населения Свердловской области, отдела по работе с учреждениями профессионального образования Министерства общего и профессионального образования Свердловской области.

Участники круглого стола обсудили реальность и стереотипы сформированного в обществе образа мигранта из Таджикистана, законопослушность мигрантов, влияние трудовых мигрантов на криминогенную ситуацию в области, портрет мигранта, созданный в СМИ; познакомились с деятельностью государственных органов власти, ответственных за работу с мигрантами. По итогам круглого стола выработаны рекомендации для органов государственной власти, как Свердловской области, так и Республики Таджикистан.

Вместе с тем, для профессионального управления

миграционными процессами необходимы квалифицированные кадры, имеющие специальную подготовку для работы в этой сфере деятельности.

В настоящее время по полной программе высшего образования со специализацией управление миграционными процессами ведется обучение студентов только в Государственном университете управления на базе кафедры Управления миграционными процессами. Выпускники ее успешно работают в аппарате ФМС России и других ведомствах, где требуются специалисты этого профиля. Однако ежегодный выпуск студентов, обучавшихся на этой кафедре, всего 25 человек.

Федеральная миграционная служба должна иметь возможность направлять на обучение абитуриентов по целевому набору, с гарантией, что они после успешного окончания высшего учебного заведения и получения диплома специалиста в области управления миграционными процессами будут приняты на работу в систему Федеральной миграционной службы. Без высококвалифицированных специалистов никакая миграционная программа не может быть качественно выполнена. Однако, как на проведение научных исследований в области миграции, так и на подготовку кадров, Федеральной миграционной службе средств из бюджета не выделяется, что выглядит достаточно странным и требует положительного решения.

В системе управления миграцией также должны занять должное место неправительственные организации.

В целом, имеющийся опыт и возникающие проблемы в работе по профессиональному развитию трудовых мигрантов свидетельствуют о том, что эта работа должна вестись более активно и масштабно. Однако без серьезной правовой поддержки со стороны государства и субъектов РФ эта деятельность не будет способствовать повышению эффективности использования труда мигрантов. А это в свою очередь ставит под сомнения общие государственные и промышленные затраты на привлечение мигрантов к решению социально-экономических задач развития Уральского региона.

Литература

1. Бондырева С.К., Безюлева Г.В., Шеламова Г.М., Клименко Н.И., Назарова Е.А. Социальная адаптация и профессиональная реабилитация мигрантов в

учреждениях довузовского профессионального образования - запрос времени. – М.: МОДЕК, 2005.

2. Краснова, В.Д. Работа есть работа, работа есть всегда // Коммерсантъ. – 1994. – № 14.
3. Официальный сайт Управления Федеральной Миграционной Службы по Свердловской области / http://www.ufms-ural.ru/statistika/
4. Плисецкий Е. Современные миграционные процессы в России // География. – 2003. – № 37 / http://geo.1september.ru/2003/37/4.htm

5. Адаптация молодых специалистов в современной организации: проблемы и пути решения

Фоменко С.
Кандидат педагогических наук, доцент,
зав. кафедрой высшего педагогического образования Института кадрового развития и менеджмента, Уральский государственный педагогический университет

Аннотация

Вопросы адаптации молодых специалистов являются особо актуальными для руководителей современных организаций, поскольку отсутствие правильных действий в этом направлении может ухудшить ситуацию по обеспечению организации грамотными молодыми работниками. Предметом исследования является эффективное управление адаптацией молодых специалистов организации, целью исследования – изучение проблем адаптации молодых специалистов в современной организации. Результатом исследования является выявление проблем, связанных с адаптацией молодых специалистов разработка рекомендаций руководителям по эффективному решению выявленных проблем.

На профессиональное развитие молодых специалистов в значительной степени влияют первые годы работы, поскольку именно этот период считается своего рода тем «испытательным сроком», который в дальнейшем определяет позиции специалиста в социальной и профессиональной среде.

Профессиональную адаптацию специалистов можно определить как процесс вхождения в новую трудовую ситуацию, в которой личность и рабочая среда взаимно влияют друг на друга, формируя новую систему взаимодействий и отношений внутри коллектива

Поступая на работу, молодой специалист активно включается в систему профессиональных и социально-психологических отношений внутри организации, усваивает новые нормы и ценности, согласовывает свою индивидуальную позицию с целями и задачами производства. В качестве основных элементов

адаптации молодого специалиста можно выделить следующие:
- овладение системой профессиональных знаний и навыков;
- овладение профессиональной ролью; выполнение требований трудовой и исполнительской дисциплины;
- самостоятельность при выполнении должностных функций;
- удовлетворенность выполняемой работой; интерес к работе, возможность реализации своего потенциала;
- стремление к совершенствованию в рамках профессии;
- информированность по важнейшим вопросам работы;
- установление хороших взаимоотношений с коллегами;
- ощущение психологического комфорта;
- чувство справедливого вознаграждения за труд;
- взаимопонимание с руководителем.

Процесс адаптации в целом состоит из профессиональной и социально-психологической адаптации. Профессиональная адаптация выражается в определенном уровне овладения профессиональными навыками и умениями, формировании профессионально необходимых качеств личности, развитии устойчивого положительного отношения работника к своей профессии. Социально-психологическая адаптация заключается в освоении социально-психологических особенностей организации, вхождении в сложившуюся в ней систему отношений, позитивном взаимодействии с другими сотрудниками и др. Адаптированность человека к трудовой среде проявляется в его реальном поведении, а также в таких конкретных показателях трудовой деятельности, как эффективность труда, усвоение социальной информации и ее практическая реализация, рост всех видов активности, удовлетворенность различными сторонами трудовой деятельности. Основную роль в процессе успешной профессиональной и психологической адаптации играют служба управления персоналом компании и психологи, разрабатывающие комплекс мероприятий, который позволяет снизить как временные, так и психологические затраты на адаптацию новых сотрудников. Безусловно, низкий уровень профессиональной подготовки осложняет адаптацию, увеличивает ее сроки и требует больших финансовых вложений. Кроме того, несоответствие реальной работы ожиданиям может говорить о недостаточном количестве практических занятий в процессе обучения специалистов.

К числу наиболее значимых аспектов, мешающих специалистам быстро и успешно адаптироваться к работе, относятся:

- недостаток практики во время обучения;
- недостаток общей информации по целям и задачам организации;
- слабая подготовка в учебном заведении к реальным условиям работы;
- невнимательное отношение со стороны руководства.

Процесс адаптации молодых специалистов осложняет ряд факторов.

Во-первых, это расхождения ожиданий и реальной работы, которую приходится выполнять.

Во-вторых, слабая подготовка в вузе к условиям работы, недостаток практики во время обучения. Основная проблема молодых специалистов, по мнению работодателей и представителей кадровых агентств - недостаток опыта работы и связанная с этим нехватка практических знаний. Многие вузы ориентированы на теоретизированный, академический подход в обучении студентов. Студенческая практика чаще всего является формальной и неэффективной, не дающей представления о том, что ждет выпускника на работе после окончания вуза. Многие программы, преподаваемые в вузах, на сегодняшний день основательно устарели (особенно это касается технических специальностей) и не имеют отношения к потребностям рынка труда. Поэтому во многих компаниях приходятся обучать молодых специалистов заново. Для решения этой проблемы необходимо объединение усилий производственников и учебных заведений по корректировке программ производственной практики с целью создания оптимальных условий для получения конкретных практических знаний, с привлечением студентов к решению реальных производственных заданий.

В-третьих, это недостаток общей информации о целях и задачах организации. Несомненно, такая информация поможет молодым специалистам правильно понять значение своей деятельности и своих профессиональных задач. Для того чтобы этот процесс не проходил стихийно, необходимо четко определить кто, когда и где такую информацию дает молодым специалистам.

В-четвертых, слабая осведомленность о возможной карьере и перспективах роста. Для того чтобы фактор «перспективы карьерного роста» выполнял свою стимулирующую функцию, разработанные схемы планирования должностной карьеры должны не оставаться на бумаге, а своевременно доводиться до молодых специалистов.

Положительно на процесс адаптации молодых специалистов

влияют отношения в коллективе, помощь и поддержка коллег, взаимопонимание и хороший контакт с руководством, а также наличие профессионального наставника. Можно предположить, что значение этих факторов в некоторой мере компенсирует неудовлетворенность заработной платой. Еще раз необходимо подчеркнуть положительное значение в адаптационном процессе молодых специалистов мотивационного компонента. Интерес к работе, к содержанию деятельности является той движущей силой, которая помогает преодолеть трудности периода адаптации. Практически во всех крупных компаниях, принимающих на работу молодых специалистов, существуют специальные программы адаптации, призванные ликвидировать некоторые недостатки, о которых говорилось выше.

Как правило, они включают в себя следующее:

- знакомство новых сотрудников со структурой компании, производимой продукцией предоставляемыми услугами. В этом случае возможна кратковременная работа в различных подразделениях;
- лекции по корпоративной культуре, поведению в компании, документообороту;
- определение должностных обязанностей, уровня ответственности и подчинения;
- занятия по деловому общению, обучение навыкам презентаций и работы с клиентами (для сотрудников коммерческих подразделений);
- наставничество со стороны более опытных сотрудников, которые одновременно обучают и контролируют работу молодого специалиста.

По признанию экспертов многих моментов адаптационного периода можно было бы избежать, если бы выпускники имели возможность во время обучения стажироваться в компаниях, в которые после приходят работать. По мнению работодателей, наиболее значимым для карьеры молодого специалиста является его первое высшее образование. На одну ступень с базовым образованием работодатель ставит опыт работы, полученный выпускником, как во время обучения, так и после окончания вуза.

Работодатели считают, что в вузах дополнительно необходимо следующее:

- усиление преподавания иностранного (английского) языка;
- развитие программ стажировок и практики;
- изучение основ корпоративной культуры;

- изучение основ организации документооборота;
- развитие коммуникационных навыков (в том числе, самопрезентация на рынке труда);
- коррекция самооценки выпускников через возможность получить оценки своих качеств от работодателя и в сравнении с выпускниками других вузов;
- совместное обсуждение работодателей и руководителей вузов эффективных механизмов взаимодействия.

Выпускники считают, что в вузах дополнительно необходимо следующее:

образовательные программы должны постоянно обновляться с учетом современных требований: усиление преподавания иностранного языка;

увеличение объема стажировок, стажерских программ; возможность выбора дополнительных предметов для изучения.

Работа с молодыми специалистами в организациях проводится следующим образом. На основании заключенных договоров с соответствующими образовательными учреждениями начальники отделов кадров предприятий и организаций совместно с главными инженерами или заместителями руководителей по кадрам проводят предварительный отбор будущих молодых специалистов и участвуют в работе комиссий по персональному распределению при учебных заведениях. Одновременно с приказом о назначении на должность каждому младшему специалисту назначается наставник из числа высококвалифицированных мастеров, прорабов и других непосредственных руководителей на участке работы, а каждому специалисту с высшим образованием — руководитель стажировки на срок до одного года. Молодые специалисты, окончившие техникумы и училища, могут быть направлены на работу в качестве рабочих в соответствии с перечнями профессий и квалификаций, утвержденными отраслевыми министерствами и ведомствами. Наставники в течение года работают с молодыми специалистами, передавая им опыт профессиональной деятельности. Отдел кадров следит за своевременным составлением молодым специалистом и его руководителем индивидуального плана стажировки по полученной специальности и утверждением его одним из руководителей предприятия. Выполнение индивидуального плана систематически контролирует руководитель стажировки. Копия плана хранится в личном деле молодого специалиста. По окончании срока стажировки последний составляет отчет и представляет его комиссии по подведению итогов стажировки, которая дает рекомендацию о дальнейшем использовании данного работника. Решение комиссии оформляется соответствующим приказом. Основной задачей стажировки молодых специалистов является приобретение ими необходимых практических и организаторских навыков для выполнения обязанностей по занимаемой должности, углубление знаний экономики производства, научной организации труда и управления, ознакомление с научными, техническими и производственными достижениями. Вместе с тем за время стажировки выявляются деловые и личностные качества выпускников вуза. Руководители предприятий контролируют работу руководителя стажировки и поддерживают связь с вузом, который окончил молодой специалист. По вопросам совершенствования методики проведения стажировки отделы кадров представляют вузам соответствующие отчеты о ходе стажировки. В целях повышения активности молодых специалистов в освоении профессиональной деятельности, содействия их квалификационному и культурному росту на предприятиях и в организациях, где работает не менее 50 молодых специалистов, создаются советы молодых специалистов. Эти советы привлекают выпускников вузов к участию в научно-технических конференциях, различных технических и экономических кружках: уделяют внимание молодым специалистам, проявившим способности к рационализаторской и изобретательской работе, содействуют развитию у них творческой инициативы, постоянному повышению деловой квалификации, созданию условий для скорейшего приобретения опыта работы и умения руководить трудовыми коллективами. По истечении одного года работы проводится встреча руководителей организаций, предприятий с молодыми специалистами для собеседования по результатам работы, жилищным условиям, вопросам быта и т.д. Главные инженеры и менеджеры по кадрам организаций направляют работу советов молодых специалистов, контролируют содержание и выполнение планов работы, иногда целесообразно создание комиссии по работе с молодыми специалистами.

Общая схема работы с молодыми специалистами на современном предприятии:

1. Прохождение производственной и функциональной практики в подразделениях предприятия.
2. Прием на работу молодого специалиста в отдел персонала.
3. Собеседование с заместителем руководителя по кадрам и председателем совета молодых специалистов.

4. Социальная адаптация молодого специалиста (1-3 месяца):

- для выпускников вузов — приказ о стажировке, встреча с руководителем стажировки, составление и утверждение индивидуального плана адаптации;
- для выпускников техникумов — приказ о наставничестве, встреча с наставниками и подготовка плана адаптации на рабочем месте.

5. Профессиональная адаптация на рабочем месте (до 3-х лет):

- стажировка в течение года, наставничество;
- составление отчета по стажировке: рассмотрение и принятие решения комиссии после завершения стажировки; выполнение заданий руководителя на рабочем месте;
- участие в научно-технических советах иконференциях; участие в рационализаторской и изобретательской работе.

6. Повышение деловой квалификации (курсы — ИПК, школа менеджеров, курсы рационализаторов).

7. Анализ профессиональной адаптации и включение в резерв: оценка потенциала специалиста; оценка индивидуального вклада; вождение в трудовой коллектив.

Молодые специалисты, хорошо проявившие себя в практической работе, являются основным источником пополнения резерва кадров на выдвижение.

Возможны следующие пути продвижения молодого специалиста: работник растет как специалист, последовательно повышая и углубляя знания по избранной специальности; работник на определенном этапе своей деятельности в качестве специалиста может принять на себя выполнение ряда административных функций, перейдя тем самым в группу руководителей нижнего уровня; молодой специалист продвигается по иерархии должностей линейных руководителей производства (мастер, ст. мастер, нач. участка). Наиболее многочисленным отрядом линейных руководителей производства являются мастера производственных участков. От них во многом зависит выполнение планов и обязательств, а также культура производства. Велика их роль и в воспитательной работе. Основные направления работы предприятий по повышению роли мастера предусматривают следующее. На должности мастеров принимаются лица, имеющие высшее или среднее профессиональное образование, а также способности к работе с людьми. При приеме на эту должность молодые специалисты предварительно обучаются в школах молодых мастеров при учебно-курсовых комбинатах или непосредственно на производстве. Важным фактором, влияющим на уровень подготовленности мастера к решению производственных вопросов, является постоянное повышение квалификации. Поэтому отделы кадров при приеме на работу мастера планируют ему сроки повышения квалификации и контролируют их соблюдение. Для оказания мастерам практической помощи, изучения и распространения передового опыта организациям устанавливается периодичность проведения семинаров-совещаний по техническим, экономическим, психолого-педагогическим вопросам и обмену опытом на всех уровнях управления, а также разрабатывается система контроля за работой с мастерами.

Литература

1. Володина Н. В. Адаптация персонала. Российский опыт построения комплексной системы / Н. В. Володина. - Изд. ЭКСМО. 2008.–127с.

2. Гулина М. А. Словарь справочник по социальной работе / М. А Гулина-Изд.:Питер.2008.-395с.

3. Дружилов С.А. Индивидуальный ресурс человека как основа становления профессионализма / С.А. Дружилов. Монография. – Воронеж: «Научная книга», 2010.–260с.

4. Егоршин А. П. Управление персоналом: учебник для вузов / А. П. Егоршин, 5-е изд., доп. и перераб. – Н. Новгород: НИМБ, 2005. – 720 разработка рекомендаций с.

5. Калиновская И.М. Адаптация молодого специалиста в новом коллективе / И.М. Калиновская [Электронный ресурс]// Сахалинская областная универсальная научная библиотека.

6. Панкова Т. А. Роль эмоционального интеллекта в социально – психологической адаптации молодых специалистов / Т.А. Панкова [Электронный ресурс]// Психологические исследования: электронный научный журнал, 2011, № 4 (18).

6. Актуальные вопросы реформирования системы образования РФ (финансово-экономический аспект)

Лагутина Е.
Кандидат экономических наук, старший преподаватель
Кафедра теории и практики управления организацией Института кадрового развития и менеджмента, Уральский государственный педагогический университет

Аннотация

В Российской Федерации идет реформирование системы образования, в том числе и финансово-экономической составляющей. Актуальными для каждого образовательного учреждения становятся направления их дальнейшего функционирования в новых экономических условиях. Предмет исследования: финансово-экономический аспект деятельности образовательных учреждений. Цель исследования: изучение возможных путей решения финансово-экономических проблем образовательных учреждений. Использованные методы исследования: обзор и анализ нормативно-правовой базы. Результатом исследования являются выявленные финансово-экономические проблемы системы образования, направления решения обозначенных проблем, предложенные федеральным законом № 83-ФЗ от 8 мая 2010г. «О внесении изменений в отдельные законодательные акты Российской Федерации в связи с совершенствованием правового положения государственных (муниципальных) учреждений», определены сложности в работе руководителя в новых экономических условиях. Область применения результатов исследования – управление дошкольными и средними образовательными учреждениями. Основные выводы: новые экономические условия, в которых будут действовать образовательные учреждения должны учучшить их финансово-экономическое положение. Но это произойдет только в том случае, если руководитель образовательного учреждения сможет адаптироваться к новым условиям и четко организовать работу учреждения.

Сфера образования выполняет несколько взаимосвязанных функций, направленных на удовлетворение как индивидуальных, так и общественных потребностей. Важнейшими из них являются передача следующим поколениям общих и профессиональных знаний и навыков, связанных с освоением и применением новых знаний, а также социализация населения в ходе усвоения принятых в обществе ценностей и норм, установления социальных связей, механизмов включенности в общественную жизнь. Иными словами, параллельно с накоплением образовательного потенциала в рамках этой системы происходит формирование социального ресурса, являющегося важнейшим катализатором инновационных процессов.

Кризис современного образования обусловлен двумя основными причинами:

1. Причина, обусловившая кризис системы образования в глобальном масштабе – противоречие между тремя темпами: темпом развития общества; темпом развития системы образования и темпом развития потребностей личности в образовании;
2. Причина, имеющая национальную специфику, - особенности протекания реформ в России с начала 90-х гг. XX века и по сей день [2].

Очевидные признаки кризиса системы образования стали накапливаться к середине XX столетия. В 60-х гг. кризис стал очевиден: познавательная способность человека при существовавшей технологии передачи знаний вступила в противоречие с объемом информации и увеличивающимся количеством дисциплин. Новые общественные потребности ставили перед системой образования новые задачи.

В первую очередь потребовалось расширение антропологических основ научно-педагогической деятельности, например, общая и возрастная психология дополнились социальной психологией, конфликтологией.

Современный рынок требует работников с высокими профессиональными качествами: во-первых, необходимо доскональное знание конкретной области деятельности; во-вторых, нужна способность к смене видов деятельности с кратковременной адаптацией и оперативной реакцией на применение способностей и пополнение знаний на новом поприще. Непрерывность обучения и формирование внутренней потребности к самообучению становятся и требованием времени, и условием реализации личностного потенциала. Способность человека состояться на уровне, адекватном его претензиям на высокое положение в обществе, всецело зависит от его индивидуальной вовлеченности в самостоятельный процесс освоения новых знаний. Стандарты нового поколения нацелены на то, чтобы научить человека учиться, искать необходимую информацию.

Социальный, политический и экономический кризис начала 90-х гг. в РФ привели к совокупности критических проблем национального образования [1, 2]. Среди этих проблем можно выделить самые важные, которые наиболее ярко характеризуют кризисное состояние отечественного образования.

1. неудовлетворительное финансирование образования;

2. ухудшение материально-технической базы образовательных учреждений, резкое сокращение капитальных вложений, существенное опережение темпов износа зданий, сооружений и оборудования над темпами их реконструкции, нового строительства или покупки;

3. низкий уровень защиты прав субъектов образования, в т.ч. прав интеллектуальной собственности, авторских прав и прав личности, как результат несовершенной нормативно-правовой базы, систематического неисполнения законодательных норм в сфере образования;

4. ухудшение кадрового обеспечения образовательных учреждений в следствии катастрофически низкой оплаты труда, отсутствии государственных программ ипотечного кредитования жилья, падения престижности профессии учителя;

5. ухудшение качества образовательного процесса в следствии сокращения связей школы с производством и наукой, а также большой загруженности учителей;

6. Пассивная роль руководителя образовательного учреждения в решении финансово-экономических вопросов. Решение о распределении средств, о распоряжении сэкономленными средствами принимает Учредитель. Доходы от внебюджетной деятельности являются неналоговыми доходами соответствующего бюджета. Последнее является демотиватором к активному развитию дополнительных платных образовательных услуг.

Проблема соотношения институтов рынка и государства в дошкольном, среднем и высшем образовании является, по нашему мнению, одной из основных, находящихся в центре внимания всех исследователей, занимающихся вопросами системы образования . Именно эта проблема выходит на первый план, когда начинают анализировать причины кризисного состояния системы дошкольного, среднего и высшего образования в той или иной стране, когда ставится вопрос о направлениях реформирования данной системы.

Образование не может в полной мере развиваться на коммерческих началах, о чем свидетельствует не только отечественный, но и зарубежный опыт. Существенное бремя расходов на образование должно нести государство, поскольку процесс выполнения образовательным учреждением своих уставных функций обладает рядом свойств общественного блага, потребление которого является всеобщим. Вместе с тем возрастает значение предпринимательской деятельности в функционировании государственных образовательных учреждений. Это обусловливает необходимость исследования теоретических и методических проблем эффективной деятельности образовательных учреждений в сфере предпринимательства, использования рыночных инструментов хозяйствования, в том числе маркетинговых. В целях способствования внедрению новых экономических механизмов деятельности образовательных учреждений был принят федеральный закон № 83-ФЗ от 8 мая 2010г. «О внесении изменений в отдельные законодательные акты Российской Федерации в связи с совершенствованием правового положения государственных (муниципальных) учреждений». Согласно данному закону установлены три типа государственных (муниципальных) учреждений: автономные, бюджетные и казенные. С 1 января 2011 года все государственные (муниципальные) образовательные учреждения были приведены в соответствие с новой технологией.

Принятие федерального закона № 83-ФЗ стало продолжением бюджетной реформы в РФ, начало которой было положено в 2005г. в основе изменения бюджетной системы лежат следующие основные принципы и приоритеты.

1. Переход от управления затратами к управлению результатами: от финансирования учреждения к финансированию оказания услуг. Если ранее руководители образовательных учреждений были ограничены сметой и лимитами бюджетных обязательств, и расходовать чредства могли только в строгом соответствии с этими документами. То теперь деньги выделяются на оказание услуг в соответствии с государственным заданием. А на какие конкретно расходы они будут направлены и в каком размере определять будет образовательное учреждение. Теперь формирование бюджета образовательного учреждения должно

проводиться с применением подушевых нормативов, основанных на двух показателях: величине норматива на одного обучающегося по типу программы и ступени обучения и числа обучающихся по этим программам.

2. Переход от содержания учреждений по смете к финансированию заданий учредителя, включая критерии и показатели оценки качества услуг. Включение в задание показателей качества должно простимулировать образовательное учреждение к повышению качества образовательных услуг и их доступности.

3. Повышение эффективности бюджетных расходов. Формирование новых типов учреждений: казенных, бюджетных и автономных. Бюджетные нового типа и автономные учрежденияимеют больше самостоятельности в принятии экономических и финансовых решений, что должно повысить эффективность их работы.

4. Изменение порядка распоряжения внебюджетными средствами, полученными от деятельности, приносящей доход. Ранее доходы от внебюджетной деятельности у бюджетных учреждений зачислялись в бюджет соответствующего уровня. Теперь у бюджетных нового типа и автономных учреждений они поступают в самостоятельное распоряжение.

Основные цели совершенствования правового статуса образовательных учреждений в связи с принятием федерального закона № 83-ФЗ:

- создание необходимых условий для финансово-хозяйственной самостоятельности;
- повышение эффективности использования ресурсов (кадровых, материально-технических, финансовых и т.д.);
- увеличение количества источников финансирования текущей деятельности учреждений, в том числе повышение доли внебюджетных доходов учреждений;
- формирование системы четкого разграничения функций и полномочий между заказчиком, производителем и потребителями услуг;
- усиление ответственности самих учреждений за конечные результаты деятельности.

Далее считаем целесообразным представить сравнительную характеристику финансово-экономических аспектов деятельности новых типов образовательных учреждений.

Таблица 1
Сравнительная характеристика финансово-экономических аспектов деятельности казенных, бюджетных (нового типа) и автономных образовательных учреждений

Критерий сравнения	Казенное образовательное учреждение	Бюджетное (нового типа) образовательное учреждение	Автономное образовательное учреждение
1	2	3	4
Финасовое обеспечение со стороны государства	В соответствии с бюджетной сметой	Субсидии на выполнение государственного (муниципального) задания Субсидии на иные цели Бюджетные инвестиции	Субсидии на выполнение государственного (муниципального) задания Субсидии на иные цели Бюджетные инвестиции
Степень распоряжения внебюджетными доходами со стороны учреждения	Доходы зачисляются в бюджет соответствующего уровня	Доходы поступают в самостоятельное распоряжение	Доходы поступают в самостоятельное распоряжение
Финансовые документы о планах деятельности	Бюджетная смета	Государственное (муниципальное) задание, план финасово-хозяйственной деятельности	Государственное (муниципальное) задание, план финасово-хозяйственной деятельности
Открытие счетов в банках	В органах Казначейства, за исключением случаев, установленных нормативно-правовыми актами	В органах Казначейства, за исключением случаев, установленных нормативно-правовыми актами	В коммерческом банке или в Казначействе
Распространение действия 94-ФЗ	Распространяется в полном объеме	Распространяется в полном объеме	Не распространяется
Привлечение заемных средств	Не могут	Не могут	Могут
Право распоряжения имуществом	Распоряжается с согласия собственника	Распоряжается с согласия собственника особо ценным	Распоряжается с согласия собственника особо ценным движимым

Критерий сравнения	Казенное образовательное учреждение	Бюджетное (нового типа) образовательно е учреждение	Автономное образовательное учреждение
1	2	3	4
		движимым имуществом, переданным учредителем или приобретенным за счет средств выделенных им, а также недвижимым имуществом. Другим имуществом распоряжается свободно	имуществом, переданным учредителем или приобретенным за счет средств выделенных им, а также недвижимым имуществом, закрепленным собственником или приобретенным за счет выделенных собственником средств. Другим имуществом распоряжается свободно
Ответственность учреждения перед кредиторами	Денежными средствами	Всем имуществом, кроме недвижимого и особо ценного движимого имущества, переданного учредителем или приобретенного за счет средств выделенных им	Всем имуществом, кроме недвижимого и особо ценного движимого имущества, переданного учредителем или приобретенного за счет средств выделенных им
Субсидиарная ответсвенность учредителя	Есть	нет	нет
Финансовый контроль и контроль учредителя	Предварительный, текущий и последующий	В основном последующий (контроль выполнения государственного (муниципального) задания Предварительный (по целевым	В основном последующий (контроль выполнения государственного (муниципального) задания Предварительный (по целевым субсидиям и бюджетным

Критерий сравнения	Казенное образовательное учреждение	Бюджетное (нового типа) образовательно е учреждение	Автономное образовательное учреждение
1	2	3	4
		субсидиям и бюджетным инвестициям)	инвестициям)
Открытость финансовой отчетности	Сведения публикуются в открытом доступе в сети интерент на общероссийском сайте		

Исходя из данных таблицы можно сделать вывод, что финансово-хозяйственной самостоятельности болеше всего предоставлено автономному образовательному учреждению и менее всего казенному. Самостоятельность учреждения в решении финансово-экономических вопросов безусловный положительный шаг в решении вопросов эффективного и экономного использования средств, привлечения необходимых дополнительных источников финансирования.

Современная система образования, на наш взгляд, должна быть ориентирована и на задания со стороны государства и на постоянно возрастающий спрос потребителей (семей, фирм и т.д.). Именно ориентация на реальные потребности конкретных потребителей образовательных учреждений и новые экономические механизмы деятельности должны создать основу для современной эффективной, качественной, ориентированной на инновационный путь развития экономики системы образования.

В данной связи меняется роль руководителя образовательным учреждением. Главным для него становятся экономические и финансовые вопросы. Меняется и степень ответственности руководителя за результаты деятельности образовательного учреждения в сторону увеличения. Руководители образовательных учреждений должны научиться работать в новых условиях, знать и применять современные подходы к управлению образовательным учреждением, в том числе и зарубежный опыт. Поменялись требования к руководителям образовательных учреждений, теперь они должны обязательно иметь экономическое или менеджерское образование.

Достаточно сложной для решения является проблема разделения функционала по управлению финансово-хозяйственной деятельностью между сотрудниками учреждения. Сложившаяся практика решения экономических проблем сформировала у руководителей образовательных учреждений представление о том, что все проблемы материально-технического, кадрового, финансового обеспечения должны решать только они. Совершенно понятно стремление руководителя держать все в своих руках, потому что за конечный результат приходится отвечать ему. Но при всем желании, при всей ответственности руководителя невозможно обеспечить необходимый результат по многим причинам. В условиях финансово-хозяйственной самостоятельности, на наш взгляд, в каждом образовательном учреждении должна быть финансово-хозяйственная служба. В состав подразделения должны входить профессиональные экономисты и бухгалтера. В перспективе возможны варианты совмещения деятельности в нескольких малых или средних образовательных учреждениях.

В условиях, когда не созданы финансово-экономические службы при образовательных учреждениях, когда не отработан механизм самостоятельной финансово-хозяйственной деятельности, существует проблема четкого разграничения полномочий между руководителем образовательного учреждения и экономистами и бухгалтерами. На наш взгляд, руководителю образовательного учреждения нет необходимости на профессиональном уровне осваивать методы и технологии бухгалтерского учета, экономического анализа, работы с банковской системой и т.д. Все это должно быть делом специалистов-экономистов. Тем не менее, руководитель должен представлять достаточно полно особенности и содержание деятельности по этим направлениям, чтобы осуществлять эффективное управление экономической деятельностью своего учреждения. В этом случае, все преимущества бюджетного (нового типа) и автономного учреждений проявятся в полном объеме.

Литература

1. Менеджмент, маркетинг, экономика образования под ред. А.П. Егоршина, Н.Д. Никандрова – Н.Новгород: НИМБ, 2004;
2. Проблемы совершенствования высшего профессионального образования на пути к стратегии развития. Научная монография / Коллектив авторов под общей научной редакцией Г.В. Астратовой, М.И. Хрущевой. – Екатеринбург: Издательство АМБ, 2004;
3. Федеральный закон № 83-ФЗ от 8 мая 2010г. «О

внесении изменений в отдельные законодательные акты Российской Федерации в связи с совершенствованием правового положения государственных (муниципальных) учреждений»;

4. Федеральный закон № 94-ФЗ от 21 июля 2005г. «О размещении заказов на поставки товаров, выполнение работ, оказание услуг для государственных и муниципальных нужд».

7. Маркетинговое управление отраслевым ВУЗом в сегменте бизнес-образования

Леонгардт В.
кандидат экономических наук, доцент,
кафедра теории и практики управления организацией
Института кадрового развития и менеджмента,
Уральский государственный педагогический университет

Аннотация

В современных рыночных условиях отраслевым ВУЗам приходится искать новые пути и источники получения доходов, предоставляя образовательные услуги по подготовке профессиональных кадров, востребованных на рынке рабочей силы. До сих пор менеджмент ВУЗов уделяет слабое внимание маркетинговой деятельности, которая используется фрагментарно и непоследовательно. Предмет исследования – маркетинговая деятельность образовательных учреждений, а цель – обоснование комплекса мероприятий по маркетинговому управлению образовательным учреждением. Использованные методы исследования - анализ, наблюдение, сравнение. Область применения результатов исследования - управление профессиональным средним и высшим образованием. Основные выводы - маркетинговая компетенция позволяет использовать маркетинговую деятельность вузам, работающим на разных отраслевых рынках услуг бизнес-образования.

На современном этапе одним из приоритетных направлений государственной политики РФ является развитие «новой экономики», базирующейся на опережающем росте знаний, когда содержание базовой профессиональной подготовки первичных и действующих специалистов уже в процессе деятельности должно постоянно обновляться и наращиваться за счет получения университетского классического образования, так и за счет специально организованного дополнительного профессионального образования – бизнес-образования.

Отраслевые вузы, которые находятся в разном ведомственном подчинении и предлагают услуги университетского классического образования по подготовке специалистов для единичных рынков труда, действуют на рынке образовательных услуг в особых условиях, так как реализуют профильные программы, спрос на которые определяется состоянием и направлениями развития национальной и отраслевой экономики. Вузы столкнулись с ситуацией, вызванной кризисным состоянием предприятий и организаций и снижением спроса с их стороны на подготовку специалистов определенного профиля и квалификации. В этих условиях управление маркетинговой деятельностью становится условием выживания на рынке, так как позволяет провести оценку портфеля образовательных услуг, подготовить новые коммерческие предложения и использовать маркетинговые инструменты при взаимодействии с рынком и разными его сегментами.

Вместе с тем, для большинства отраслевых вузов маркетинговая деятельность до сих пор не является приоритетной в поиске новых целевых сегментов рынка образовательных услуг. Проблему выживания и развития отраслевых вузов позволит решить разработка структуры и содержания процесса управления маркетинговой деятельностью для конкретных рынков и сегментов. Таким образом, необходимо формирование развитие маркетинговой компетенции у отраслевого вуза, рассматривается нами как способность менеджмента вуза проектировать маркетинговую деятельность для конкретных рынков и сегментов, разработать и реализовывать маркетинговую стратегию и обеспечить эффективность собственной деятельности.

В современной экономической ситуации отраслевым вузам, реализующим профильные продукты, необходимо знать состояние и тенденции развития конкретных рынков образовательных услуг с целью повышения эффективности управления своей деятельностью. Анализ состояния рынка услуг бизнес-образования позволил установить следующие тенденции:

1. Российский рынок услуг бизнес-образования развивается динамично, но неравномерно. В период с 1995-2010 гг. происходило увеличение на 75% количества образовательных структур, оказывающих услуги бизнес-образования. Сформировалась структура спроса со стороны потребителей, где в равных пропорциях были представлены действующие руководители и те, кто ими не являются. Неравномерность рынка услуг проявилась в коммерческом предложении однотипных программ МВА по общему менеджменту.

2. Развитие национальной экономики оказывает влияние на изменения в объеме и структуре спроса на услуги бизнес-

образования:
- конец 80-х – начало 90-х гг. XX в. – экономические преобразования и рыночные реформы привели к увеличению государственного заказа на переподготовку действующих руководителей через специализированные ИПК в форме оперативного «ликбеза» по актуальным проблемам управления народохозяйственным комплексом;
- 1994-1996 гг. – в период массовой приватизации уменьшилось государственное финансирование бизнес-образования, рынок стал жестко конкурентным в связи со снижением объема рынка и изменением структуры спроса от теоретических программ к прикладным, появился новый потребитель в лице начинающих предпринимателей. В России выделились 32 образовательных бизнес-структуры, в которых МВА рассматривалась как основная услуга бизнес-образования;
- со II пол. 1996 г. по 2004 г. – в условиях стабилизации экономической ситуации в стране спрос на услуги бизнес-образования превышал предложение. В 1998 г. на рынке действовало свыше 200 государственных и негосударственных бизнес-структур, предлагающих в основном обучение на краткосрочных курсах по актуальным проблем управления и экономики. Запущена Президентская программа по подготовке управленческих кадров для организаций народного хозяйства РФ;
- с 2005 г. по 2008 г. – в предкризисный период спрос был ориентирован на зарубежные аналоги бизнес-программ, так как потребитель рассматривал услугу бизнес-образования как способ решения проблем собственного бизнеса в зарубежных образцах управления. На рынке работало 132 учреждения из числа бизнес-школ и крупнейших государственных вузов, предлагающих, кроме программ МВА, и профессиональную переподготовку по менеджменту, маркетингу и экономике;
- с 2009 г. по настоящее время – кризисный и послекризисный период – в очередной раз поменялись объем и структура спроса, на рынке бизнес-образования появился новый массовый потребитель – руководители учреждений социальной сферы (образование, медицина, культура, спорт, социальное обеспечение).

Результатами исследования подтверждено, что на любом этапе экономического развития национальной экономики увеличивается спрос на программы бизнес-образования, имеющие хорошую репутацию, независимо от ее продолжительности и высокой стоимости.

3. Обостряется конкуренция на рынке услуг бизнес-образования, участниками которого на сегодняшний день являются все российские государственные и негосударственные вузы, а также самостоятельные образовательные бизнес-структуры.

4. Формируются институциональные, экономические и организационные основы рынка услуг бизнес-образования. С 2001 г. приняты федеральные государственные требования к минимуму содержания и уровню подготовки к специалистам для получения дополнительной управленческой квалификации. Основная часть образовательных бизнес-структур работает по принципу самоокупаемости, при этом остается открытым вопрос ценообразования в каждом сегменте рынка. Образовательные бизнес-структуры представлены на рынке различными организационно-правовыми формами, что значительно расширяет спектр предлагаемых услуг бизнес-образования.

5. Маркетинговая деятельность поставщиков услуг бизнес-образования не ориентируется на целевой сегмент рынка. В ходе исследования установлено, что образовательные бизнес-структуры практикуют монетарный подход к формированию коммерческого предложения услуги бизнес-образования. Цены на услуги бизнес-образования формируются без учета затрат поставщика, так в ходе исследования выявлены значительные ценовые колебания на одну и ту же программу у разных поставщиков, достигаемые 150%.

Данные тенденции свидетельствуют о том, что даже в условиях острой конкуренции существуют предпосылки для деятельности всех вузов на рынке услуг бизнес-образования, в том числе и отраслевых. К таким предпосылкам можно отнести наличие регламентирующих основ деятельности на рынке услуг бизнес-образования и появление на нем разных целевых групп потребителей, что дает вузу возможность выделить рыночную нишу и занять ее, а также получить дополнительные источники дохода, а следовательно формирование и развитие маркетинговой компетенции у менеджмента вуза становится условием его выживания и развития.

В целом, практика реализации программ бизнес-образования показала, что на любом этапе экономического развития национальной экономики увеличивается спрос на программы, имеющие хорошую репутацию независимо от ее продолжительности и высокой стоимости. Вместе с тем обостряется конкуренция на рынке услуг бизнес-образования, участниками которого на сегодняшний день являются все российские государственные и негосударственные вузы, а также самостоятельные образовательные бизнес-структуры.

В методологии формирования и развития рынка услуг бизнес-образования целесообразно ориентировать предоставляемые услуги на запросы индивидуальных и корпоративных потребителей. Данный подход акцентирует внимание на взаимодействие с конечным потребителем услуг бизнес-образования, что в значительной мере преобразует маркетинговую деятельность учреждения профессионального образования или бизнес-школы когда данный рынок может рассматриваться как объект маркетинговой деятельности. Для деятельности в конкретном сегменте вузам необходимо обеспечивать профильность услуги бизнес-образования через ориентацию на отраслевого потребителя и создание ее привлекательности на основе функционального назначения услуги. Перед отраслевыми вузами стоит задача разработать не единичный продукт, а пакет профильных продуктов, позволяющий максимально увеличить долю рынка и повысить свою доходность.

В настоящее время сектор бизнес-образования, с одной стороны, является наиболее быстро развивающимся рынком образовательных услуг, как в количественном, так и в качественном отношении. С другой стороны, бизнес-образование, имея солидную содержательную и методическую базу, недостаточно исследовано в организационно-управленческом плане по представлению процесса управления маркетинговой деятельностью на рынке услуг бизнес-образования в целевом сегменте. Основным содержанием маркетинговой деятельности отраслевого вуза должно стать формирование маркетинговой стратегии.

Результаты анализа теоретических и методических положений по проблеме позволяет утверждать, что основными мероприятиями для разработки маркетинговой стратегии университета на рынке услуг бизнес-образования в выделенном сегменте являются:

1. Анализ внешней среды посредством различных методов (PEST-анализ, SWOT-анализ, отраслевой анализ и т.п.).
2. Анализ ёмкости рынка, потенциальных потребителей выбор целевой потребительской ниши.
3. Анализ продуктового ассортимента и позиционирование образовательных услуг университета в сегменте.
4. Позиционирование вуза в отношении его основных конкурентов на рынке услуг бизнес-образования.
5. Выбор стратегической цели университета.

6. Разработка тактических задач по комплексу маркетинга услуг бизнес-образования.
7. Разработка комплексного плана, программы действий по всем направлениям внешней и внутренней деятельности вуза в целях реализации стратегической цели на рынке бизнес-образования.
8. Определение необходимых ресурсов и расчет эффективности по каждому из внешних и внутренних направлений деятельности университета.
9. Реализация и контроль за выполнением стратегического плана деятельности (развития) вуза.

При этом автором выявлено, что большинство вузов, являясь некоммерческими организациями, не имеют в структуре управления вузом подразделения маркетинга, а принимаемые маркетинговые решения носят эпизодический характер.

В данной работе доказывается, что в рыночных условиях становится необходимым проектирование процесса управления маркетинговой деятельностью отраслевого вуза.

1 этап – Анализ внутренней и внешней среды отраслевого вуза. Цель: изучение состояния и тенденций изменения внешней среды деятельности отраслевого вуза на рынке услуг бизнес-образования и диагностирование его способности к ведению деятельности в целевом сегменте.

В ходе диагностики необходимо провести следующие управленческие действия:
1.1. Анализ внутренней среды.
1.2. Позиционирование и сегментирование.
1.3. Определение границ рыночной ниши и емкости рынка, выбор ниши.
Промежуточный результат: аналитическая информация о состоянии и тенденциях изменения внешней среды деятельности отраслевого вуза на рынке услуг бизнес-образования; а также об его способности к ведению деятельности в целевом сегменте.

2 этап – Проектирование маркетинговой стратегии отраслевого вуза. Цель этапа: определение содержания маркетинговой стратегии отраслевого вуза в целевом сегменте и направлений ее реализации.

Управленческие действия:
2.1. Формулирование стратегической цели и выделение структуры управления маркетинговой деятельностью вуза.
2.2. Формирование альтернатив и выбор маркетинговой стратегии.
2.3. Разработка комплекса маркетинга отраслевого вуза.

Промежуточный результат: альтернативы маркетинговой стратегии отраслевого вуза в целевом сегменте с учетом ситуации на рынке.

3 этап – Планирование маркетинговой деятельности. Цель этапа: подготовка организационного проекта маркетинговых мероприятий на рынке услуг бизнес-образования в целевом сегменте.

Управленческие действия:

3.1. Планирование маркетинговых мероприятий и определение показателей их результативности.

3.2. Определение и проектирование обеспечивающих процессов.

3.3. Бюджетирование маркетинговой деятельности.

Промежуточные результаты: сводный план маркетинговых мероприятий отраслевого вуза на рынке услуг бизнес-образования в целевом сегменте.

4 этап – Организация маркетинговой деятельности. Цель этапа: сопровождение и координация деятельности структурных подразделений вуза, участвующих в реализации маркетинговых мероприятий.

Управленческие действия:

4.1. Распределение полномочий и ответственности за реализацию маркетинговой деятельности.

4.2. Ресурсное обеспечение маркетинговых решений.

4.3. Координация действий структур и подразделений вуза, реализующих функции маркетинга.

Промежуточные результаты: утвержденная процедура СМК «Маркетинговая деятельность вуза», на основании которой реализуется и оценивается маркетинговая деятельность отраслевого вуза в целом и его структурных подразделений.

Приоритетное значение на данном этапе приобретает координация маркетинговой деятельности между подразделениями отраслевого вуза на рынке услуг бизнес-образования в целевом сегменте.

5 этап – Контроллинг и оценка эффективности маркетинговой деятельности. Цель этапа: оценка эффективности управления маркетинговой деятельностью отраслевого вуза и подготовка корректирующих маркетинговых решений.

Управленческие действия:

5.1. Мониторинг результатов маркетинговой деятельности.

5.2. Расчет результативности маркетинговой деятельности.

5.3. Разработка корректирующих маркетинговых решений.

Итоговый результат процесса управления маркетинговой

деятельности отраслевого вуза на рынке услуг бизнес-образования в целевом сегменте: информация о степени реализации плана маркетинга вуза и причинах отклонений от плановых показателей с целью аналитического обоснования последующих маркетинговых решений.

Отличительными особенностями разработанного процесса являются: использование функционального подхода к определению структуры и содержания управления маркетинговой деятельностью отраслевого вуза; управление маркетинговой деятельностью строится в рамках уже сложившейся структуры управления в вузе; определение на основе структурно-функционального анализа подразделения вуза, деятельность которого будет являться системообразующей в управлении маркетингом; появление возможности выделения новых для вуза целевых сегментов и формирования альтернатив маркетинговой стратегии в зависимости от тенденций развития рынка услуг бизнес-образования.

Отраслевой вуз заинтересован в эффективном управлении своей маркетинговой деятельностью. Для этого менеджменту вуза необходимо знать, как анализировать свои рыночные возможности, отбирать подходящие целевые рынки, разрабатывать маркетинговую стратегию и оптимальный комплекс маркетинга услуги бизнес-образования и успешно управлять претворением в жизнь маркетинговых мероприятий. Все это и составляет маркетинговую компетенцию отраслевого вуза применительно к выбранному рынку образовательных услуг, который состоит из:
1 – анализа рыночных возможностей (проведение комплексного маркетингового исследования рынка);
2 – отбора целевых рынков бизнес-образования (замеры объемов спроса на услуги, сегментирование рынка, выбор целевых сегментов и позиционирование товара на рынке);
3 – разработки комплекса маркетинга услуги бизнес-образования);
4 – разработки и реализации маркетинговой стратегии и поддерживающих ее маркетинговых мероприятий на рынке услуг бизнес-образования в целевом сегменте.

Автором определены показатели, используемые для оценки сформированности маркетинговой компетенции менеджмента вуза и результативности управления маркетинговой деятельностью отраслевого вуза на рынке бизнес-образования: 1) промежуточные – степень знания персоналом цели деятельности вуза в целевом сегменте; отсутствие ошибок в оформлении договорных документов; степень удовлетворенности потребителя; количество рекламаций; общее количество покупателей; лояльность и уровень удержания; осведомленность об услуге и ее поставщике; 2) конечные – доход; доля полученных от реализации услуги средств в общей структуре дохода; затраты на оказание единицы услуги бизнес-образования; доля рынка; сравнительные продажи профильных продуктов в портфеле вуза; темпы роста рынка.

В соответствии с логикой процесса управления маркетинговой деятельностью нами предложены методические рекомендации для отраслевых вузом, которые представляются как комплекс, включающей: 1) описание последовательных управленческих действий, раскрывающих содержание маркетинговой деятельности в отраслевом (педагогическом) вузе; 2) перечень инструментария, используемого в маркетинговой деятельности; 3) определение субъектов маркетинговой деятельности отраслевого вуза, за которыми закреплены полномочия и ответственность по реализации ее содержания; 4) указание планируемых результатов по каждому из предложенных управленческих действий. Указанный методический комплекс применяется к каждому этапу управления маркетинговой деятельностью отраслевого вуза в целевом сегменте.

Таким образом, маркетинговая компетенция позволяет использовать маркетинговую деятельность вузам, работающим на разных отраслевых рынках услуг бизнес-образования.

Литература

1. Бейч, Э. Консалтинговый бизнес [Текст]/ Э.Бейч.- Спб: Питер, 2009.-246 с.
2. Гершман М.А. Инновационный менеджмент [Текст]: М.А.Гершман. М.: Инфра-М., 2008-186 с.
3. Друкер П.Ф. Бизнес инновации [Текст]: П.Ф.Друкер. М., 2007-348 с.
4. Иванов, А. Профессиональный маркетинг [Текст]/ А.Иванов.- СпБ: Питер, 2011.- 496 с
5. Котлер, Ф., Келлер, К. Маркетинг-менеджмент [Текст] Ф.Котлер, К.Келлер.- 3-е изд. .- СпБ: Питер, 2010.- 336 с.

8. Статус персонала как концептуальная основа современного понимания организации: социально-топологический анализ Российских тенденций.

Симонова И.
Ассистент
Кафедра акмеологии и психологии управления,
Институт кадрового развития и менеджмента,
Уральский государственный педагогический университет

Аннотация

Настоящая статья посвящена социально-философскому осмыслению современного состояния основных теоретических и практических установок в области управления организацией, набирающих популярность в России. Методологическая установка является социально-топологической. Методы исследования – анализ литературы, обобщение, беседы. В первой части работы приводится характеристика социальной топологии как методологической базы, постулируется актуальность этого подхода для понимания общества и его элементов. Далее с помощью описанного инструментария размечаются контуры современного понятия «организация» как организованного сообщества работников, оцениваются основные тенденции управления ею. Описывается общий облик современного российского управления, в результате чего выделяется ряд противоречий между теорией и практикой, и, как следствие, между желаемым и действительным его состоянием. В завершении, опираясь на ключевые установки социальной топологии, намечаются направления для совершенствования управления в России. Основные выводы: современная организация помысленая социально-топологически, представляет собой пространство коммуникации процессуально воссоздаваемое работниками. Теоретическое повышение статуса работника в России должно сопровождаться и практическими переменами в управлении. Наибольший эффект будут иметь инструменты, предлагаемые системой менеджмента качества и управления организационной культурой.

Сегодня, в условиях глобализации мирового пространства,

когда привычные локальные формы социальности различных территорий испытывают все более мощное влияние внешних глобальных порядков, естественно происходят и интенсивные изменения в облике современных организаций разных стран, и Россия не является исключением. Новые условия требуют и соответствующих изменений в управленческих подходах.

В своем стремлении усвоить ценные уроки зарубежного управления Российские организации берут курс на признание абсолютной важности человеческого капитала, и на уровне идеи «ставка» на персонал сделана уже многими организациями. Вместе с тем, сохраняется некоторая «недосказанность» между общей теоретической установкой (условно обозначим ее как «Кадры решают всё») и теми методологическими установлениями, которые зачастую сложились сегодня в отношении понимания сущности самой организации и, соответственно, места человека в ней, что, как будет показано, проявляется сегодня в некоторых негативных особенностях работы с персоналом российских организаций. Весьма востребованной в качестве методологической базы для концептуального описания современной организации как результата совместной человеческой активности оказывается социальная топология.

Характеризуя социально-топологический подход, следует заметить, что в социальных исследованиях он появился относительно недавно, однако в математике топология, как установка, зародилась еще в конце XIX в. и вскоре оформилась в самостоятельную математическую науку, наиболее бурное развитие которой началось с 20х гг XX в.. Этот относительно молодой раздел математики берет свое начало с изучения некоторых задач геометрии. Когда топология еще только зарождалась, ее называли *геометрия размещения* (лат. *geometria situs*) или *анализ размещения* (лат. *analysis situs*). Термин «топология» (от др.-греч. τόπος — место и λόγος — слово, учение) ввел в научный оборот И.Б. Листинг (1847 г.) [3].

В социальных науках такой подход давал возможность определения единого онтологического горизонта существования людей, что было решительно невозможно в рамках субстанционального подхода. Теперь же социальный мир мог быть идентифицирован не через субстанции, но через человеческие связи и отношения. Понимание же социальной реальности через топологические конструкты было впервые предложено Куртом Левиным и предполагало ее видение в качестве пространства реляционных позиций, каждая из которых определяется через другие. В основе его идеи лежало желание объяснить различающееся поведение людей в зависимости от их напряжения в отношениях с окружающей средой. Поэтому «LifeSpace», в пределах которых действовали люди, было рассмотрено им в качестве основы для понимания социального действия, что и позволило проанализировать отдельных лиц и группы в топологических терминах [9].

Современная социальная топология, в полном смысле, представлена школой П. Бурдье, в основе учения которого лежит представление о взаимообусловленности отношений и тел. Так, можно изобразить социальный мир в форме многомерного пространства, построенного по принципам дифференциации и распределения, сформированных совокупностью действующих свойств в рассматриваемом универсуме, т. е., свойств, способных придавать его владельцу силу и власть в этом универсуме [10].

Джон Ло, также обратившийся к исследованию социальных пространств подчеркивает, что «общество» не присутствует имманентно в сети отношений, и не может являться истинной основой социальности и материальных объектов, оно не детерминирует их. Напротив, именно отношения предшествуют как «социальной», так и «материальной» сущности. Тогда всякий объект, равно как и любой социальный статус, должны проблематизироваться как продукт и следствие сети связывающих их отношений. «Сеть отношений трактуется Ло как топологическая система, определенная «форма пространственности». Пространство – есть порядок объектов, объекты – суть пересечения отношений. Изменение отношений приводит не только к изменениям самих объектов, но и к изменениям «форм пространтвенности»» [4, с. 26]. Он делает установку на изучение подвижных, изменчивых форм социальной координации, прибегая к метафоре «сети», тем самым стремясь заменить восприятие общества как некой самодостаточной гомогенной тотальности, образом подвижного гетерогенного, гибридного мира. Ло, также как и его коллеги Латур и Каллон, усматривает несовершенство современного подхода к социальному в недостаточной проработке объектной составляющей социальной реальности.

Разрабатывая инструментарий социальной топологии, исследователь Мишель Серр также выходит за пределы традиционной одномерной трактовки пространства и территории, как некоторой матричной формы, и стремится к топологическому видению пространства и времени, материи и движения, как некоторого комплекс [12]. В условиях современной развивающейся культуры информации, он зрит ключ к пониманию и соотнесению столь многослойно пересеченных, «наезжающих» друг на друга локальных и глобальных явлений именно в изучении динамичности пространства и пространственных отношений: непрерывности, локализованности, включенности и невключенности. Одним из аспектов топологии Серра является обращение и к проективному пространству, или пространству с центром в феноменологии субъекта, которое обычно затрагивает проблему относительного расположения.

Таким образом, исследования в области социальной топологии показывают, что содержание ее можно обозначить как задачу различения пространств, топосов и, соответственно, задачу установления их взаимосвязи. Социальная топология исследует как «социальные различия», «социальные отношения», «пространство-время социального мира» [5], так и свойства социальных позиций, практик и практических схем взаимодействия, взятых в динамике. И, что для нас особенно важно, мы можем обратиться к анализу социального пространства меняющихся структур во всей их множественности. Именно в этой связи Н.Шматко отмечает, что плюрализация социального порядка обусловлена фрагментацией социальной действительности, когда одна область неким образом упорядоченных явлений осуществляет себя, взаимодействуя с другими [10].

Всякая организация, в таком случае, предстает перед нами как разноликий гетерогенный организм, во всей своей множественности, текучести и подвижности. Автор предпринимает попытку дать некоторые разъяснения и констатировать высокую применимость социальной топологии для изучения современного ее облика. Ведь, прежде всего этот подход позволяет увидеть организацию как общность работников, которые соорганизуются, т.е. организуют себя в ходе интенсивного коммуницирования, и реализуют тем самым особого типа совместность. В этом акте работники задают социальное пространства организации. Вместе с тем она уже не может рассматриваться как закрытая гомогенная тотальность, такой подход позволяет понимать ее как до некоторой степени открытую общность, подверженную внешним влияниям и потому изменчивую. Открытость эта также обуславливается коммуникативностью работников. Здесь нам следует сместить акценты в сторону социально-топологического видения организационной коммуникации.

Коммуникация должна быть рассмотрена сегодня в ситуации смены методологических парадигм, в контексте поиска новых подходов, расширяющих сферу познания социальности, и формирующих новый образ знания. Несомненно, всякая общность возникает из общения, следовательно, кардинальная историческая трансформация базовых форм социальности, с которой мы имеем дело (речь идет, и о меняющемся облике организации) и должна быть зафиксирована посредством характеристики коммуникации, которая не может более пониматься как инструмент или функция социальности, социальность сама должна быть понята теперь как коммуникативность [6]. При этом совместность (безусловно, априорное основание коммуникации) должна быть осознана через длящееся опространствливание общего, т.е. через построение пространства организации в результате взаимной практической деятельности людей, объединяемых «..регулярными телесными взаимодействиями, при которых создается со-общение, способствующее при-общению людей к сообществу с определенными представлениями, ценностями и т. п.» [1, с. 10]. Телесность не должна пониматься здесь физикалистски, она выступает в первую очередь как практическая реализация некоего социального дискурса. Коммуникативность и должна быть схвачена в серии телесных взаимодействий индивидов, обнаруживающих и задающих тем самым конкретные социальные места. Таким образом, в пространство оказываются вписаны и воспроизводятся не только материальные функции, но также социальные ценности, «..пространство может быть понято как вектор социальных взаимодействий, причём в двояком смысле: во-первых, всякая пространственная организация структурирует более или менее определённо и основательно коммуникации; во-вторых, она составляет послание, направленное на группу или общество, которое занимает это пространство, *задавая* (курсив мой – И.С.) манеру жить, свои ценности. ... Места вписываются в представления и поведение» [13, с. 166]. Конкретизируя эту мысль, приведем еще одно значительное для нас положение, высказанное М.Мерло-Понти, который определил, что пространство «это не среда, в которой расположены вещи, а средство, благодаря которому положение этих вещей становится возможным» [7, с. 312]. Следуя этой логике, мы можем заключить, что социальное пространство — это то, что делает возможным социальное движение, социальную коммуникацию, исходя из определённой позиционной представленности различных субъектов. *Эта представленность, осуществимая лишь в коммуникации, как пространственно-временящаяся совокупность отношений, опосредованная практическими действиями индивидов и есть социальное место, «topos», «топологема»* [2], *истинно пространство человеческого события.*

Организация, понятая в контексте заданных нами выше методологических рамок не может более быть представима как внешняя для индивида механическая система, в которую он «вложен» без каких-либо изменений для последней. Теперь она представляет собой, прежде всего, наглядную связь людей, опредмеченную ими в пространстве совместного коммуницирования. Это живой организм, который не может быть рассмотрен как статичная структура, скорее следует здесь говорить о том, что она имеет процессуальный характер, поскольку люди постоянно «делают», то есть создают ее «здесь и сейчас». Организация, понятая топологически, состоит из продуктивной коммуникации людей, которые в своей совместности создают специфические топологемы, они и задают уникальность каждой конкретной организации, делают ее особенной. В контексте такого видения кадры действительно начинают что-то «решать». Описанный нами подход, несомненно, позволяет в полной мере осознать возрастающую концептуальную статусность работников в организации. Правильность направления, заданного здесь социальной топологией подтверждается рядом тенденций, которые наметились сегодня в мировой управленческой науке, и на уровне теоретических, а также практических установлений, начали закрепляться и в области управления в России. Отметим некоторые из них.

Во-первых, следует выделить возрастающий интерес к проблеме управления организационной культурой. Здесь хотелось бы подчеркнуть, что этот подход оказывается чрезвычайно близок социально-топологическому видению организации. Например, в понимании П. Б. Вейлла «культура рассматривается как «система отношений, действий и артефактов, которая выдерживает испытание временем и формирует у членов данного культурного общества довольно уникальную общую для них психологию» [8, с. 38-39]. Так, понимание важности органического единства, достигаемого именно в результате разделения и поддержания большинством участников общей культурной среды, закрепляемой согласно концепции Ф. Харриса и Р. Морана, в осознании своего места в организации, коммуникационной системе и языке общения, техниках оформления и презентации телесного, техниках питания, во взаимоотношениях между людьми понимаемы с точки зрения занимаемых друг относительно друга позиций исходя из их возраста и пола, статуса и власти, ранга, протокола, и т.д. Вовлеченность, приверженность каждого работника организационной культуре рассматривается как основа успешности организации [8].

Во-вторых, в России растет интерес к концепция TQM - тотального (всеобщего) управления качеством. Особое значение в рамках этой концепции имеет вовлечение работников в дела организации на основании положения о том, что работники всех уровней составляют основу организации, их вовлечение дает возможность организации с выгодой использовать их способности, и улучшать качество выпускаемого продукта. Само качество, как один из трех основных элементов включает в себя уровень удовлетворенности служащих компании своей работой.

В стандарте ИСО 9000: 2000 TQM определяется как менеджмент качества, полностью охватывающий организацию. Несмотря на отсутствие единого толкования концепции TQM, наличие особенностей ее применения в разных странах, можно выделить такие фундаментальные сущностные ее характеристики, интересные для настоящего исследования такие как [11]:

- взгляд на производственные отношения между работниками как на отношения потребителя с поставщиком;
- смещение главных усилий в сфере качества в сторону человеческих ресурсов (упор на отношение работников к делу, культуру производства, на стиль руководства);
- участие всего без исключения персонала в решении проблем качества (качество - дело каждого);
- непрерывное повышение компетентности сотрудников предприятия;
- концентрация внимания не на выявлении, а на предупреждении несоответствий;

Для реализации этих аспектов очень важно [11]:

- проводить периодические ревизии (аттестации) существующих систем управления персоналом с точки зрения их соответствия целям организации, обеспечения требуемого организации производственного поведения;
- привлекать сотрудников службы управления персоналом к

разработке и пересмотру стратегических и краткосрочных планов организации. Подробно информировать отдел человеческих ресурсов о целях организации и прогрессе в их реализации;

- обеспечить постоянное участие высшего руководства организации в разработке и пересмотре систем управления персоналом;
- оценивать работу службы управления персоналом по результатам работы организации (степени достижения организационных целей).

Как отмечает Е. Шубенкова, «связь процессов вовлечения персонала, усиления его роли (буквально каждого работника) в обеспечении качества, расширения его прав (процесс делегирования прав, полномочий) и повышения ответственности можно отобразить в виде спирали, указывающей на взаимозависимость этих процессов. Чем выше уровень (степень) участия персонала в управлении, в том числе качеством, тем больше должно быть делегировано ему прав и полномочий, тем выше его ответственность» [11].

В-третьих, сегодня наблюдается ориентация на переход от управления к менеджменту, характеризующийся изменением статуса объекта управления, расширения его функционала за счет делегирования некоторых управленческих функций. Происходит постепенный переход от управления основанного на административных, иерархических основаниях, к управлению в горизонтальном направлении и как следствие, переход от управления к менеджменту, сопряженный с усилением субъектности работников. Так, «традиционный субъект управления (например, руководитель), делегируя права подчиненным, "превращает" их также отчасти в субъект управляющей системы, хотя и не полностью, так как сохраняется над ними управляющее воздействие» [11]. Делегирование полномочий, следовательно, и участие в управлении может и должно реализовывать коллективно (в командах). Оно осуществляется с помощью обучения, признания и вознаграждения.

Подытоживая, можно сказать, что общим для этих установок становится не просто ориентация на вовлеченность, участливость работника в делах организации, но констатация безусловной, прямой зависимости жизнеспособности организации от уровня активности каждого ее члена в воспроизводстве совместной «организационной» жизни. Фактически, мы говорим здесь о том, что человек оказывается частью того, где он *находится*, он не просто усваивает пространство деятельности, но устанавливает его. Организация становится в таком случае общим делом, и, что важно, общей ответственностью. Однако, очевидность и привлекательность этой идеи на уровне теоретических установок и, своего рода, «планов на будущее», на практике далеко не всегда находит применение в контексте деятельности Российских организаций. Нередко, даже если организация на уровне установлений признает важную роль персонала, и постулирует необходимость вовлечения его управленческий процесс, перспективные методы сохраняют статус рекомендаций, а на практике действия по повышению статуса работников, и, что немаловажно, донесения до самих людей этих положений носят условный характер или отсутствуют вовсе. Таким образом, в России кадры пока решают недостаточно. Мы имеем дело с некоторой двойственностью. С одной стороны, признается и активно постулируется важность приема и удержания квалифицированных работников, эта деятельность ведется в большинстве организаций. С другой стороны, возможностей для позитивной самоорганизации у работников, как способа реализации их совместного потенциала практически не бывает. Сохранение чувства чуждости окружающей среды, вынуждает их конструировать и разворачивать свое пространство стихийно, опредмечивать свои частные отношения как это возможно - на свой лад, заниматься присвоением организационного пространства. Складывается ситуация, когда они строят свое в чужих стенах. Проблема тут кроется в формальном подходе к реализации основного набора функций управления персоналом и непригодности большинства инструкций, что в итоге и порождает систему двойных стандартов, а если говорить топологически – двойных пространств. Несомненно, ситуация требует коррекции. Традиционные для России прошлого управленческие подходы административного толка утрачивают свое влияние. Однако полное заимствование инокультурных методов управления, как показывает практика, не дает желаемых результатов, что обусловлено, по-видимому, спецификой российской жизни и особенностями российской ментальности. Эта ситуация открывает перспективы для развития практики российского управления с опорой на методологические основания социальной топологии.

Организация – это совместная деятельность людей, она

понимается нами уже не как объект, но как процесс. Сегодня действительно важно вовлекать людей в построение этого процесса, что даст своего рода синергетический эффект: будет повышать чувство собственной значимости, заинтересованность, и, что особенно важно – ответственность. Работники должны хорошо осознавать, что это пространство не является чужим, враждебным, искусственным, оно для них и ими же порождается. Вместе с тем, особую актуальность приобретает поиск методов контроля управления порождающими процессами, поскольку это построение не должно быть полностью автономным: это позволит избежать возникновения деструктивных стихийных топологем, могущих сформироваться в результате естественного процесса конструирования социальности.

Литература

1. Азаренко С. А. Духовность в современном мире // Современная православная миссия. Материалы конференции. Екатеринбург, 2009. С. 8-18.
2. Азаренко С. А. Сообщество тела М., 2007.
3. Александров П.С. Пуанкаре и топология [Электрон. ресурс]. http://www.ega-math.narod.ru/Nquant/Alex.htm
4. Вахштайн В. Джон Ло: социология между семиотикой и топологией. Социологическое образование Том 5, №1, 2006г. С.25-30
5. Качанов Ю.Л. Начало социологии. М.: Изд-во «Институт экспериментальной социологии»; СПб.: Алетейя, 2000.
6. Керимов Т.Х. Неразрешимости. М.: Академический Проект; Трикста, 2007. 218 с. (Технологии культуры)
7. Мерло-Понти М. Феноменология восприятия. СПб.: Ювента, 1999. С. 312.
8. Осилин А.Н., Резник С.Д., Чаплина А.Н., Хайруллина Н.Г., Воронова Э.Б.. Организационное поведение. Учебник для вузов. Под ред. проф. Э.М. Короткова и проф. А.Н. Силина. - Тюмень: Вектор Бук, 1998. - 308 с.
9. Петрова Ю. А., Красова О. С. Курт Левин, 2008 [Эл.ресурс] http://www.e-reading.org.ua/chapter.php/89721/0/Petrova_-_Kurt_Levin.html
10. Шматко Н.А.. ВЕДЕНИЕ В СОЦИОАНАЛИЗ ПЬЕРА БУРДЬЕ // Бурдье П. Социология политики: Пер. с фр./Сост., общ. ред. и предисл. Н.А.Шматко./ — М.: Socio-Logos, 1993. — 336 с.

11. Шубенкова Е. Управление персоналом: требования систем менеджмента качества. [Электрон. ресурс]. http://www.top-personal.ru/issue.html?600
12. Connor S. Topologies: Michel Serres and the Shapes of Thought // *Anglistik*, 15 (2004): 105-1`7
13. Fischer G.-N. Espace, identité et organisation // L'individu dans l'organisation. Les dimensions oubliées. Sous la direction de Jean-François Chanlat. Les presses de l'Université Laval et les Edition ESKA. Québec, 2000. P. 166.

9. Подходы к управлению персоналом в отраслевых организациях

Сыманюк Э.

Профессор, доктор психологических наук,

Зав. кафедрой акмеологии и психологии управления

Института кадрового развития и менеджмента,

Уральский государственный педагогический университет

Аннотация

Управление персоналом является одним из основных элементов стратегии развития отраслевых организаций, эффективность которого детерминирована базовыми теоретическими подходами. Предметом исследования являются теоретические подходы к управлению персоналом в отраслевых организациях, а целью – изучение перспективности и востребованности тех или иных подходов к управлению персоналом в отраслевых организациях. Использованные методы исследования – анализ, наблюдение, обзор профильной литературы. Результатом исследования являются выявленные условия применения теоретических подходов в практике управления персоналом. Область применения – управление персоналом отраслевых организаций. Основные выводы: изучение теоретических подходов к управлению персоналом отраслевых организаций позволяет реализовать, обобщить целый спектр вопросов адаптации индивида к внешним условиям, учета личного фактора в построении системы управления персоналом организации.

Происходящая в обществе гуманизация общественных отношений обусловила рост интереса к персоналу. Возрастание роли личности, знание ее мотивационных установок, умение их формировать и направлять в соответствие с целями организации, развитие лояльности персонала к руководству и организации в целом – вот небольшой перечень практикоориентированных запросов современного менеджмента.

Все большее количество работодателей осознают важность и необходимость управления персоналом. Менеджеры осознали, что непредсказуемость человеческого фактора во многом затрудняет эффективность производства, а соответственно становятся востребованными знания в области управления персоналом. Увеличивается и спрос на специалистов в этой сфере. Все чаще и чаще в организациях встречается менеджер по персоналу, да и служба управления персоналом воспринимается уже не как роскошь, а как условие грамотной работы организации и ее конкурентоспособности на рынке.

Система управления персоналом является подсистемой в системе управления организацией, следовательно, с одной стороны, цели системы управления персоналом должны быть увязаны с целями функционирования и развития организации; с другой стороны, цели системы управления персоналом должны быть увязаны с потребностями работников организации. Таким образом, главная цель системы управления персоналом – обеспечение организации кадрами, их эффективное использование, профессиональное и социальное развитие путем разработки концепции и стратегии управления персоналом, прогнозирования и планирования потребности в персонале, построения действенного механизма мотивации и системы социального обеспечения.

Ориентация экономики на рыночные отношения коренным образом меняет подходы к решению многих экономических проблем и, прежде всего, тех, которые связаны с человеком, поэтому, понятно внимание, которое уделяется концепции управления, в центре которой находиться человек, рассматриваемый как наивысшая ценность. В соответствии с ней все системы управления нацелены на более полное использование способностей работника в процессе производства, что является основой эффективной деятельности предприятия. Действительно, использование вещественного фактора производства зависит от уровня развития работника, совокупности его профессиональных знаний, умений, способностей и мотивов к труду.

Успех работы предприятия обеспечивают работники, занятые на нем. Именно поэтому современная концепция управления предприятия предполагает выделение из большего числа функциональных сфер управленческой деятельности той, которая связана с управлением кадровой составляющей производства – персоналом предприятия.

Суть этой концепции такова: на сегодня важнейшим фактором устойчивости, конкурентоспособности и процветания предприятия является формирование того, что в России раньше называлось человеческим фактором, а на Западе называется человеческим капиталом. Если до 70-х годов персонал предприятия рассматривался как один из источников издержек (заработная плата, создание инфраструктуры и т.д.), то теперь западные исследователи считают, что это - главный источник капиталовложений (то есть источник, от которого получают наибольшую прибыль). Действительно, ведь от компетентности людей, знания ими всех нюансов работы, специфики фирмы зависит в значительной мере перспективы той или иной фирмы. Никакими инвестициями в оборудование или в обновление производства нельзя заменить человеческий капитал. С изменением взгляда изменилась и роль кадровых служб (или служб управления персоналом). Согласно нынешним концепциям управление персоналом является одним из основных элементов стратегии организации и должно помогать фирме через обеспечение ее компетентными и заинтересованными в результатах своего труда работниками.

Менеджмент персонала нужен, в конечном итоге для сосредоточения усилий работников на выполнении намеченных стратегий фирмы; обеспечения эффективного использования интеллектуальных и физических возможностей работников, реализацию их потенциала; содействия укреплению трудовых отношений в духе сотрудничества и улучшения морального климата в коллективе.

В настоящее время выделяют три подхода к управлению персоналом отраслевых организаций (по Базарову Т.Ю.):

1. Экономический подход. Основное место уделяется технической подготовке людей. Организация в этом подходе рассматривается как набор механических отношений, и действовать

она должна подобно механизму: алгоритмизировано, эффективно, надежно и предсказуемо.

Принципами экономического подхода являются: обеспечение единства руководства; соблюдение строгой управленческой вертикали; фиксирование необходимого и достаточного объема контроля (число людей, подчиненных одному начальнику должно быть таким, чтобы не создавать проблем в управлении); соблюдение строгого разделения штабной и линейной структуры организации; достижение баланса между властью и ответственностью; обеспечение дисциплины; подчинение индивидуальных интересов общественным; обеспечение равенства на каждом уровне организации.

Условия эффективности экономического подхода к управлению персоналом сталкиваются в современных условиях с противодействующими обстоятельствами;

- ориентация на четкую задачу для выполнения деятельности затрудняет адаптации к меняющимся условиям труда),

- стабильность среды порождает неповоротливую бюрократическую верхушку, затрудняющую принятие креативных и самостоятельных решений при изменении ситуации;

- необходимость производить один и тот же продукт снижает мотивацию персонала;

- согласие человека быть машиной оказывает дегуманизирующее взаимодействия).

2. Органический подход. Именно в этих рамках сложилось понятие «управление персоналом». Кадровая функция перестала распространяться только на организацию труда и зарплату, но и на

подбор работников, планирование карьеры, оценку сотрудников, повышение их квалификации. Кадровая функция из регистрационно-контрольной стала развивающей и распространилась на поиск и подбор сотрудников, планирование карьеры значимых для организации фигур, оценку работников управленческого аппарата, повышение их квалификации.

Организация стала рассматриваться в рамках данного подхода как живой организм. В оборот введены понятия «мотивы», «потребности», «интересы» и т.д. На основе положений мотивации А. Маслоу стали выделяться направление и содержание деятельности по управлению персоналом.

Принципами органического подхода являются: акцент на окружающей среде, в которой живет организация; понимание организации в терминах взаимосвязанных внутри- и межорганизационных подсистем; устранение противоречий и дисфункций между подсистемами.

Органический подход предполагает улучшение управления персоналом за счет учета дифференцированных потребностей, Однако при этом не учитывалось, что не все потребности можно удовлетворить через организацию.

3. Гуманистический подход. Основывается на представлении организации как культурном феномене. При этом культура рассматривается сквозь призму соответствующих эталонов развития, отраженных в системе знаний, идеологии, ценностях, законах и повседневных ритуалах социальных общностей.

Согласно гуманистическому подходу, культура рассматривается как процесс создания реальности, которая позволяет людям видеть и понимать события определенным образом и придавать смысл и значение своему собственному поведению. Культура организации определяет поведение сотрудников, их целеустремленность и работоспособность. Особый акцент делается на символах, которые определяют особый тип поведения в рамках данной организации. Если раньше многие менеджеры рассматривали себя, прежде всего как людей, создающих структуры и должностные инструкции, то теперь они начинают осуществлять символические действия, направленные на создание и развитие определенных ценностей, лежащих в основе совместной деятельности людей.

Гуманистический подход позволяет рассматривать характер отношений с окружающей средой в том направлении, что организации способны не только адаптироваться, но и изменять свое окружение, основываясь на собственном представлении о себе и своей миссии. Разработка стратегии организации в этом случае превращается в активное построение и преобразование реальности.

Рассмотренные нами подходы к управлению персоналом во многом обусловлены теми социально-экономическими отношениями, в которых они формировались. Вместе с тем, изменения в экономической и политической системах в нашей стране одновременно несут как большие возможности, так и серьезные угрозы для каждой личности, устойчивости ее существования, сносят значительную степень неопределенности в жизнь практически каждого человека. И в настоящее время мы можем встретить организации, которые базируются только на экономическом подходе к персоналу.

Управление персоналом в такой ситуации приобретает особую ценность, поскольку позволяет реализовать, обобщить целый спектр вопросов адаптации индивида к внешним условиям, учета личного фактора в построении системы управления персоналом организации.

10. Институциональный подход к управлению организацией в современной России

Толстых О.
кандидат педагогических наук, доцент
Кафедра теории и практики управления организацией
Института кадрового развития и менеджмента
Уральский государственный педагогический университет

Аннотация

В последние годы в России растет интерес к институциональной теории в целом и к возможности ее применения в управлении в частности. Предметом исследования является неоинституциональная теория, целью – изучение возможности применения неоинституциональной теории применительно к управлению. Использованные методы исследования – обзор профильной литературы, анализ, наблюдение. Результатом исследования являются выводы о возможности применения неоинституциональной теории в практике управления. Область применения результатов исследования – система управления организацией. Основные выводы по работе – применение неоинституциональной теории в Российской экономике возможно, в том числе и в системе управления. Однако многие институты еще только формируются. Просто заимствовать успешно функционирующие на Западе институты и применить их российской практике управления невозможно. Необходимо создавать свои собственные институты управления.

Институциональный подход к управлению возник на Западе достаточно давно и прошел в своем развитии несколько этапов. Такое течение, как «старый» институционализм появился еще на рубеже 19-20 веков. И для него всегда было принципиально отстаивать идеи вмешательства и социального контроля государством и обществом экономических процессов. Яркими представителями данного направления были Торстейн Веблен (1857-1959 гг.), Джон Коммонс (1862-1945 гг.), Уэсли Митчелл (1874-1948 гг.), Джон Геннет Гэлбрейт (19080-2006 гг.).

Критикуя неоклассическое направление экономической

теории, Т. Веблен отвергал концепцию рациональности и принцип максимизации при объяснении поведения экономических агентов, на которых построено очень многое у неоклассиков. В «старом» институционализме объектом анализа выступают институты. Нужно отметить, что «старые» институциалисты двигались от права, социологии и политики к экономике, применяя при анализе экономических проблем методы других наук. «Старые» институциалисты широко применяли индуктивный метод (т.е. от частного к общему). Это помешало разработать единую институциональную теорию. Еще одной особенностью данного течения было изучение коллектива (прежде всего профсоюзов и правительства), который, по мнению «старых» институциалистов, стоял на защите интересов индивида.

Современный неоинституционализм связан с именами таких ученых, как Рональд Коуз (29.12.2010 г.), Оливер Уильямсон (27 сентября 1932 г.), Дуглас Сесил Норт (05 ноября 1920 г.), Анрмен Альберт Алчиан (12 апреля 1914 г.), Герберт Саймон (15 июня 1915 г.), Клод Менар (1906-1980 гг.) и др. У представителей данного направления экономической науки можно выделить общие воззрения:

1. Поведение человека характеризуется ограниченной рациональностью и оппортунизмом. Хотя принцип оптимизации результатов неоинституционалистами не отрицается.
2. В рыночной экономике существуют трансакционные издержки, которые, различными авторами трактуются по-разному.

Нужно отметить, что существует множество концепций неоинституционализма, назовем основные из них: теория прав собственности (А. Алчиан, Р. Коуз, О Уильямсон и др.), теория трансакционных издержек (Р. Коуз, О Уильямсон), теория экономических организаций (Р. Коуз, А. Алчиан, О Уильямсон, К Менар и др.), теория экономики права (Р. Коуз, Р. Познер, Г. Беккер), теория общественного выбора (Дж. Бьюкенен, Г. Таллок, Д. Мюллер), теория новой экономической истории (Д. Норт, Р. Фогель), теория эволюционного неоинституционализма (Р. Нельсон, С. Уинтер, Д. Ходжсон), теория экономики соглашений (Л. Тевено, Л. Болтански, О. Фаворо и др.).

Что касается применения неоиституциональных идей в Российской практике в конце 20 – начале 21 века, по мнению многих авторов (С. Авдашев, А. Аузан, А. Олейник, Р Капелюшников, Ю. Кочеврин, Я. Кузьминов и др.) наиболее приемлемой является теория социального рыночного хозяйства. Ее истоки лежат в немецкой теории порядка, которая сложилась в Германии в 30-40-е годы 20 века [7, с. 14-15]. Роль государства – не в прямом регулировании экономики, а в создании механизма стимулирования конкуренции и увеличения прибыли путем установления жестких правовых рамок с целью ограничения монополизации экономики и нечестных методов конкурентной борьбы. Немецкая «теория порядка» и неоинституциональная экономика ориентируются на человека и его свободу, его социальную защиту, что должно привести к устойчивому и эффективному развитию общества в целом. Однако, принимая во внимание переходный период, в котором сейчас находится российская экономика, и те серьезные преобразования традиционных институтов, которые нужно произвести, предложив абсолютно новые правила игры, функции государства смещаются от мягкого регулирования к жесткой диктовке.

Кроме того, нужно четко понимать, что на формирование новых институтов взамен старых, изживших себя, необходимо достаточно продолжительное время. Ошибочно полагать, что для ускорения процесса можно заимствовать эффективно работающие западные институты, применить их в российской действительности и страна тем самым совершит скачок в светлое будущее. Кроме того, Россия – огромная страна, с различным уровнем развития регионов, и те условия, которые созданы в крупных городах, разительно отличаются от условий, существующих на периферии. Крупные города экономически развитых регионов в большинстве своем встроились в информационные и ресурсные потоки, организующие постиндустриальное общество. В этой связи Курбатова М.В. говорит о существовании качественно неоднородных институциональных сред российской экономики, что приводит к сегментации, которая характеризуется наличием существенных границ, разделяющих хозяйствующих субъектов по реализуемым стратегиям экономического действия, приводящих к появлению спроса на различные институты и различную промышленную и социальную политику государства. Поэтому политика по предложению институтов должна быть более тонкой и направленной как на внутрироссийскую интеграцию постиндустриального сектора, так и на интеграцию сети постиндустриальной экономики с индустриальным сектором [6, с. 58].

В связи с выше сказанным для современной России как

никогда становится актуальным вопрос применения институционального подхода к управлению, т.к. традиционные взгляды, присущие привычной нам традиционной теории управления Тейлора, имеют сегодня определенные методологические ограничения. Субъект-объектный подход не всегда способен удовлетворить современные потребности управления. Неоинституционализм, исследуя институты, позволяет снять эти ограничения.

Впервые понятие института было определено Т. Вебленом в работе «Теория праздного класса: экономическое исследование институций» (1899 г.). «Институты – это, по сути дела, распространенный образ мысли в том, что касается отдельных отношений между обществом и личностью и отдельных выполняемых ими функций, и система жизни общества…». Кроме того, под институтами Т. Веблен понимал: привычные способы реагирования на стимулы, структуру произведенного или экономического механизма, принятую в настоящее время систему общественной жизни.

Дж. Коммонс в работе «Институциональная экономическая теория» (1934 г.) говорит, что «институт – коллективное действие по контролю, освобождению и расширению индивидуального действия». У. Митчелл под институтами понимает господствующие и в высшей степени стандартизированные общественные привычки.

Общепринятым определением института является определение Д. Норта («Институты, институциональные изменения и функционирование экономики», 1990 г.): «Институты – это правила, механизмы, обеспечивающие их выполнение, и нормы поведения, которые структурируют повторяющиеся взаимодействия между людьми». Они включают неформальные ограничения в виде санкций, запретов, обычаев, традиций и норм поведения, и формальные правила (конституции, законы, права собственности), а также механизмы, обеспечивающие их выполнение. Таким образом, институты являются ограничительными рамками для экономического поведения людей [3, с. 22-23]. Они «задают рамки управленческих процессов посредством установления властных отношений в обществе» [4].

Согласно работе Дж. Ролза «Теория справедливости» (1971 г.) институтами является публичная система правил, определяющая должность и положение, с соответствующими правами и обязанностями, властью и неприкосновенностью.

Почему институциональный подход в современных условиях видится более предпочтительным, чем традиционные методы управления? Прежде всего, потому, что институты общества определяют требования к управленческим решениям, принимаемым на любом из уровней управления, в том числе внутри организации. Институциональная среда может оказывать как поддерживающее, так и ограничивающее влияние на социально-экономическую деятельность. Она является основой, во многих случаях внешним ограничением, задающим стереотипы выбора руководителей организации [2, с. 128-132].

Институты играют двоякую роль: с одной стороны, снижают неопределенность, а с другой – распределяют властные позиции в социально-экономической системе. И важной целью в системе управления становится формирование экономическим агентом благоприятной для него институциональной среды, которая будет способствовать усилению его властных позиций, что приведет к более высоким результатом деятельности [9].

В экономике данная роль принадлежит, прежде всего, государству. Об этом говорил В. Ойкен [8, с. 336-337]. Но кроме государства весомое значение имеют профсоюзы, ассоциации предпринимателей, политические партии и т.п., посредством которых хозяйствующие субъекты отстаивают свои интересы и разрешают социально-экономические конфликты. Организации также оказывают большое влияние на процесс изменения институциональных рамок. Даже отдельные домохозяйства как рыночные агенты играют свою роль в формировании и развитии институциональной среды посредством выражения своего мнения и определенным поведением.

По мнению Бабанова Ю.В., высказанного в статье «Институциональный менеджмент в условиях инновационной экономики: концептуальный подход», для того чтобы организация эффективно функционировала и развивалась в условиях инновационной экономики, современная управленческая наука должна найти концептуально новый подход к воздействию субъекта на объект. Причем именно институциональное управление может стать эффективным инструментом такого развития. Институциональный менеджмент воздействует на ментальное пространство, формируя его и притягивая людей со сходными интересами, ценностями и целевыми ориентирами, а их объединение позволяет получить синергетический эффект. Центр тяжести смещается от материальных ценностей к нематериальным активам организации. Сегодня эффективными становятся только те организации, в которых приоритет отдается не сырью и капиталу, а интеллекту и командному духу как основным источникам истинного конкурентного преимущества [1].

Каким образом еще проявляется институционализация в системе управления? На этот вопрос можно найти ответ в статье Дувановой Ю.Н и Дмитриевой Л.Н. «Оценка применимости институционального подхода в современном менеджменте». Они говорят о том, что «в субъективной подсистеме управления любого предприятия в процессе функционирования всегда имеет место большое число периодически повторяющихся функций, процессов и действий по принятию управленческих решений. При этом, как правило, существует масса разнообразных вариантов реализации одного и того же управленческого действия, процесса и множество всевозможных принципов и подходов к принятию аналогичных управленческих решений. В таких условиях, как показывают исследования, самопроизвольно и постепенно начинается формирование неких типовых моделей поведения системы управления, то есть идет процесс институциоанлизации управленческой деятельности. При этом не всегда зафиксированные модели поведения системы управления фиксируют желаемые для собственников и менеджмента компании свойства системы управления. Более того, период формирования таких моделей может быть очень длительным, в ходе которого поведение системы управления предприятия при отсутствии типовых моделей будет характеризоваться сильным разбросом параметров своего функционирования. Другими словами, в одних и тех же ситуациях при равных условиях система управления предприятия может функционировать по-разному, часто непредсказуемо и далеко от наиболее эффективного варианта» [5].

Таким образом, в рамках организации выделяются следующие наиболее распространенные формы институционализации управления: разработка и применение разнообразных ГОСТов, инструкций, корпоративных, производственных и этических стандартов, стандартов серии ISO 9000 и т.д. Их применение значительно повышает эффективность деятельности организации.

Однако не следует забывать и об опасностях, возникновение которых возможно в связи с институционализацией систем управления. Это, прежде всего, опасность сдерживания их развития. Широко известно, что если система управления функционирует по заданным нормам и правилам, это приводит к ее инерционности и делает весьма затруднительным быстрое переключение на новые действия в случае необходимости. Есть риск искажения задуманного вследствие сдерживания институциональной составляющей. По мнению Дувановой Ю.Н и Дмитриевой Л.Н. [3] важным вопросом является вопрос определения начала революционных процессов, т.к. именно время начала революционной стадии есть единственный и идеальный момент изменения норм и правил. Это объясняется тем, что прекращение их действия в любом случае приводит к сокращению управляемости системы.

Подводя итог, необходимо отметить, что в настоящее время традиционная теория управления не всегда способна удовлетворять требованиям современности, хотя, конечно, за основу берется именно она. В связи с этим институциональная теория играет важнейшую роль в управлении и может, безусловно, обогатить сложившуюся управленческую практику рядом новых идей и концепций. Кроме того, институциональная теория может применяться и в прикладном плане для процесса управления и на микро-, и на макроуровне.

Литература

1. Бабанова Ю. Институциональный менеджмент в условиях инновационной экономики: концептуальный подход. Клуб субъектов инновационного и технологического развития России. 2011. Режим доступа http://innclub.info/wpcontent/uploads/2011/05/Бабанова_6_конк_дд_ИТР_НЕ-ПРФИЛЬ.doc
2. Василенко Н.В. Потенциал институционального подхода к управлению современной организацией // Российское предпринимательство», № 9 Вып. 1 (118) за 2008 год, стр. 128-132. Режим доступа http://www.creativeconomy.ru/articles/5194/ поколения. – Спб.: Питер, 2012. – 256 с.
3. Васильцова В.М., Тертышный С.А. Институциональная экономика: Учебное пособие. Стандарт третьего
4. Дементьев В.В. Экономика как система власти: монография. Издательство: Каштан, 2003. – 403 с.
5. Дуванова Ю.Н., Дмитриева Л.Н. Оценка применимости институционального подхода в современном менеджменте. Проблемы региональной экономики, № 42. Режим доступа

http://www.lerc.ru/bulletin/?part=bulletin
6. Курбатова М. Проблемы формирования институциональной среды постиндустриальной экономики в современной России // Журнал институциональных исследовнаий, 2010, том 2 № 1.
7. Олейник А.Н. Институциональная экономика: Учебное пособие. – М.: ИНФРА-М, 2012. – 416 с.
8. Ойкен В. Основные принципы экономической политики. М., 1995.
9. Тепляков А.Ю. Феномен институционального управления. 2010. Режим доступа http://www.template.kapital-rus.ru/articles/article/220102

11. Обеспечение условий для развития управленческих качеств студентов в образовательном пространстве ВУЗа

Васенина Ю.
Специалист по воспитательной и социальной работе
Института кадрового развития и менеджмента
Уральского государственного педагогического университета

Аннотация

Управление персоналом и менеджмент являются престижными и востребованными направлениями обучения в высших учебных заведениях. При этом обучая студентов, важно помнить, что лекций и семинаров недостаточно, чтобы сформировать качества, необходимые будущему управленцу. Продолжается поиск наиболее эффективных форм, средств и методов развития практических навыков будущего менеджера. Как показывает практика Уральского государственно педагогического университета, наиболее эффективно в этом направлении используется потенциал органов студенческого самоуправления. Именно в студенческом самоуправлении студент может максимально проявить организаторские способности в любом из направлений. Актуальность исследования заключается в том, что компетентный менеджер нужен в любом деле. Университету необходимы студенты, способные организовать масштабные мероприятия, развивать волонтерство и другие важные направления. Высокие требования предъявляет и работодатель к выпускнику.

Определение проблемы позволило сформулировать тему исследования: «Обеспечение условий для развития управленческих качеств студентов в образовательном пространстве вуза». Объект исследования – процесс создания условий, необходимых для формирования и развития управленческих качеств студентов. Предметом исследования являются особенности процесса формирования управленческих качеств студентов высших учебных заведений в организации деятельности органов студенческого самоуправления. Используемые методы исследования: анализ, наблюдение, обзор профильной литературы и законодательства.

Цель исследования заключается в обосновании позиции, что

студенческое самоуправление является наиболее эффективным механизмом формирования управленческих качеств студентов учреждений высшего профессионального образования, обучающихся по направлениям «Менеджмент» и «Управление персоналом».

Задача воспитания студента в настоящее время состоит в том, чтобы содействовать его развитию как личности, способной к постоянному самосовершенствованию, обладающей высоким культурным уровнем, развитым физическим, интеллектуальным и нравственным потенциалом, готовой активно действовать на общую пользу в рамках национальной и мировой культуры, изменяя и преобразуя себя[1].

Студенты института кадрового развития и менеджмента Уральского государственного педагогического университета обучаются по направлениям ***«Менеджмент»*** и «***Управление персоналом»***. Соответственно, институт создает условия для формирования саморегуляции, личностного самоуправления, стимулирует профессионально-личностное самовоспитание будущих менеджеров.

Очевидной становится потребность в переоценке и в переосмыслении статуса менеджера как личности и профессионала. Специалист воспринимает общечеловеческие ценности как основу личностной и профессиональной самореализации, привносит свой самобытный вклад в создание предпосылок процветания государства, в котором реализуется свободное и ответственное жизненное самоопределение каждого гражданина. В этой связи на первый план выходит воспитание будущего менеджера как специалиста высокой общей и профессиональной культуры.

Обеспечение условий для становления менеджера в образовательном пространстве вуза и института требует знания особенностей современных молодых людей студенческого возраста. Студенческий возраст – это возраст, предполагающий достаточную зрелость личности, ее стремление и способность к выработке самостоятельных представлений о будущем, о смысле и цели жизни, готовность подойти к принятию новых динамично изменяющихся форм человеческой жизнедеятельности. Тем не менее, получив неограниченные свободы, молодой человек не всегда умеет ответственно ими воспользоваться. Поэтому доминирующее значение приобрело понимание воспитания как средства, направленного на создание условий для саморазвития и самовоспитания личности студента.

Формируя воспитательную среду, мы ставим перед педагогическим коллективом и студентами определенные задачи, решение которых позволит прийти к достижению главной цели - обеспечению необходимых научно-методических, организационных, кадровых, информационных и других условий для развития воспитательной среды в институте, содействующей развитию социальной и культурной компетентности личности, ее самоопределению в социуме, формированию человека-гражданина, специалиста-профессионала, способного эффективно управлять в будущем.

Целостность содержания воспитательного процесса обусловлена непротиворечивостью личностной и социальной значимости получаемой студентами системы знаний и умений, согласованностью действий всех структурных подразделений института в создании условий постоянного саморазвития в учебной, научно-исследовательской деятельности, а также деятельности, выходящей за рамки учебного процесса и расширяющей пространство творческого самовыражения как студентов, так и преподавателей.

Наиболее эффективной формой развития компетенций будущего менеджера является студенческое самоуправление. Именно через участие в управлении делами института студент получает опыт, необходимый в будущей профессии менеджера.

Студенческое самоуправление – одна из форм воспитательной работы вуза, осуществляемая в рамках «концепции непрерывного образования», направленная на формирование всесторонне развитой, творческой личности, с активной жизненной позиции[2].

С точки зрения Коршун М.Ю., студенческое самоуправление - это не самоцель, а лучшее средство осуществления задач по подготовке молодых специалистов с функциональным образованием, которое отвечает современным требованиям ситуации на рынке труда, где востребованными, безусловно, окажутся специалисты с определенным набором личностных качеств, таких как; компетентность, инициативность, коммуникабельность, толерантность, креативность, адаптивность, доброжелательность, работоспособность[3].

Студенческому самоуправлению на сегодняшний день, действительно, отводят важную роль. Россия вступила в Болонский процесс, и теперь обязательным условием аккредитации и аттестации вуза становится наличие системы воспитательной работы, в том числе наличие органов студенческого самоуправления. Участие студентов в системе обеспечения гарантии качества высшего образования признаётся как необходимое и желаемое явление. В соответствии с законодательной базой России студенты вовлечены во внутривузовские процессы как часть гарантии качества деятельности вузов и образовательных программ, а также в процедуры гарантии качества. Участие принимает разные формы: как формальные, так и неформальные.

Студенческое самоуправление – это необходимый элемент структуры высшего образования, так как в современном мире всё большее значение отводится формированию образованных, высоконравственных, способных творчески мыслить, самостоятельно принимать решения и совершенствовать свои профессиональные навыки специалистов. Органы студенческого самоуправления способствуют самореализации студентов в творческой и студенческой жизни, что и является целью студенческого самоуправления.

Студент сам выбирает, куда ему двигаться и что делать. Задача органов студенческого самоуправления помочь студенту реализовать свой потенциал. Уже все понимают, что невозможно стать успешным, оставаясь пассивным. Сегодня путь к успеху невозможен без общения с людьми и активной жизненной позиции. Активная жизненная позиция необычайно полезна для студента. В первую очередь, в такой позиции молодого специалиста заинтересованы работодатели. Она представляет собой некий гарант свежих идей, неординарных подходов, смелых решений, что всегда обеспечивало развитие экономики.

Активное привлечение студентов в органы студенческого самоуправления позволяет создать условия для развития управленческих компетенций будущего менеджера. Возможно в результате привлечения студентов в академической группе к самостоятельной организационной деятельности по актуальным направлениям: учебное, научно-исследовательское, информационное, оздоровительное, социально-бытовое, культурно-досуговое, работа с абитуриентами и др.

Как образуется студенческое самоуправление в университете? Итак, есть механизм, необходимая нормативно-правовая база, и для организации процесса необходима инициативная группа - команда единомышленников, которая желает создать Студенческий совет. Наличие команды единомышленников – это первый шаг.

Следующий шаг – это организационное оформление данной команды. Группа людей, задумавшая проводить совместную деятельность, должна договориться о правилах работы, о распределении обязанностей, о механизме координации общей работы. В инициативную группу может войти любой желающий студент или аспирант образовательного учреждения, но на практике это бывает именно та небольшая команда единомышленников, которая еще до проведения первой конференции загорелась идеей создать студенческую организацию и имеет примерный план дальнейшей деятельности. При грамотном подходе к делу создать орган студенческого самоуправления несложно. Более того, пройдя всю процедуру выборов и создания органов студенческого самоуправления, вы сможете вашей командой участвовать и побеждать в любых избирательных кампаниях, а, главное, разбираться в технологиях предвыборной работы с вами, как с избирателями.

Чем обеспечивается деятельность студенческого самоуправления? Во-первых, это планирование работы организации. Важное место в работе председателя Совета, самого Совета и всей организации занимает планирование деятельности организации. Планы могут быть перспективными и текущими. Перспективный план работы - это план работы на учебный или календарный год. Перспективный план включает в себя основные направления деятельности организации и Совета, программы, крупные основные мероприятия. Программа отличается от отдельного мероприятия тем, что включает в себя целый ряд взаимосвязанных мероприятий, разнесенных по времени, по месту проведения и по участникам, и направлена на решение какой-то проблемы, поставленной задачи. В перспективный план может быть включено и какое-то крупное мероприятие, требующее длительной подготовки и с участием большого количества людей.

В текущем плане отражается более подробно вся работа студенческой организации и Совета. Данный план можно разбить на разделы:

– организационная работа (проведение заседаний Совета, собраний, примерные вопросы для рассмотрения на этих заседаниях, организация семинаров, работа с вновь вступающими в организацию, торжественные приемы в организацию, оформление наглядных стендов студенческой организации, выпуски стенгазет и т.д.).

– досуговые мероприятия (организация фестивалей,

конкурсов, проведение спортивных соревнований, организация собственной дискотеки, музыкальной группы, клуба КВН, кружков, секций и т.д.).

– общественная деятельность (проведение каких-либо акций помощь в обустройстве территории вуза, организация дискуссионных клубов по общественной тематике и т.д.).

Студенческое самоуправление преследует следующие цели:

– подготовка студента к будущей профессиональной деятельности, которая невозможна без активной жизненной позиции, навыков в управлении, без умения принимать решении и нести за них ответственность;

– поиск и организация эффективных форм самостоятельной работы, ведения переговоров, управления людьми;

– управление вузом, в целях оптимизации учебного процесса и внеучебной деятельности в интересах студенчества.

Чтобы понять, что такое студенческое самоуправление, просто перечислим его функции:

– участие в управлении учебным заведением;

– содействие организации эффективного учебного процесса и научно-исследовательской работы студентов;

– анализ студенческих проблем;

– участие в решении социально-правовых проблем студенческой молодежи;

– выражение интересов студентов;

– разработки и реализация собственных социально-значимых и поддержка студенческих инициатив;

– развитие художественного творчества студенческой молодежи;

– формирование традиций образовательного учреждения;

– формирование и обучение студенческого актива;

– участие в благоустройстве образовательного учреждения;

– создание единого информационного пространства для студентов;

– содействие формированию здорового образа жизни в образовательном учреждении и профилактика асоциальных явлений;

– содействие трудоустройству студентов;

– организация досуга и отдыха;

– вынесение предложений о поощрении студентов за активную научную, учебную и общественную деятельность, назначение персональных и именных стипендий за высокую успеваемость, активную научную и общественную деятельность;

– участие в распределении социальных стипендий;

– взаимодействие со структурными подразделениями учебного заведения по работе со студентами.

И это перечень неполный. Каждый должен сам определить, что ему из этой деятельности интересно и полезно, и расширить указанные пункты, всходя из проблем и потребностей учебного заведения. [4]

Студенты Уральского государственного педагогического университета имеют возможность начать реализацию собственных проектов с первого курса в рамках студенческого самоуправления группы и курса, а далее выйти на уровень института и университета в рамках студенческого самоуправления.

Многие ВУЗы за последние годы значительно продвинулись в организации воспитательной работы со студентами. Для этих ВУЗов характерна сложившаяся или складывающаяся система воспитательной работы, включающая в себя четкую структуру, планирование, разнообразное содержание, кадровое и материальное обеспечение: взаимодействие кафедр, деканатов и советов вузов. В условиях модернизации системы российского образования развитие студенческого самоуправления может быть отнесено к высокому рангу значимости в воспитании и подготовке будущих специалистов. Студенческое самоуправление как общественное объединение студентов, прежде всего, ориентировано на развитие всесторонне интересной и полезной студенческой жизни. Участие студентов в управлении расширяет сферу применения способностей и умений студентов, дает каждому возможность развить талант, проявить инициативу, найти дело по душе.

Остается сделать вывод, что сильные и эффективные органы студенческого самоуправления необходимы вузам. Студенческое самоуправление – это реальная сила, способная решать многие задачи, оперативно реагировать на вызовы времени. Каждая студенческая организация, при всем их разнообразии, создает естественную благоприятную среду, в которой молодые люди могут максимально полно реализовать свои организаторские способности и таланты. Студенческие организации, объединяющие десятки и тысячи талантливых и активных молодых людей занимают лидирующее место в формировании социально-активной личности будущего специалиста.

Однако, есть и проблемы в развитии молодежного самоуправления.

Первая проблема – это отсутствие единой четкой системы в подходах государственных и законодательных органов.

Фундаментальной проблемой является отсутствие системного и комплексного подхода к реализации молодёжной политики и поддержки молодёжных объединений, в том числе самоуправления. Это исходит из того, что молодёжной политикой занимаются несколько государственных органов: например, департамент по молодёжной политике при министерстве образования и науки РФ, министерство спорта, туризма и молодёжной политики РФ, а так же дублирующие органы субъектов РФ и муниципалитетов. Каждый из этих органов имеет своё специальное направление и реализует его независимо от других органов, вследствие чего нет слаженной работы и высоких результатов. Все государственные органы руководствуются своими нормативно-правовыми актами, которые могут вступать в противоречие друг с другом и мешать выработке единого вектора молодёжной политики в России. Так же достаточно много неопределённости в федеральном законодательстве, где деятельность студенческих организаций прописан в разных законах и очень абстрактно, что приводит к выборочному и «лоскутному» нормативному регулированию данной сферы. В виду этих причин сложно сформировать целостный, всеобщий подход к развитию молодёжного и, в частности, студенческого самоуправления[5].

Единственным правильным решением вопроса системности может стать выработка и принятие федеральных законов, определяющих смысл, роль и содержание молодёжных организаций студенческого самоуправления. Так же необходимо разработать и закрепить систему поощрения студентов, занимающихся общественной деятельностью. Она может носить административный и финансовый характер, например:

– занесение в личное дело студента всех заслуг, совершенных общественных началах;

– введение дополнительных баллов (по болонской системе);

– закрытие пропусков по классической системе образования;

– единовременные денежные премии;

– скидок на оплату учёбы для студентов, обучающихся на платной основе

–. введение надбавок к стипендии и др.

Также для эффективной реализации молодежной политики необходимо провести перераспределение полномочий в пользу одного государственного органа, который будет специализироваться на молодёжной политике. Тем самым будет решена проблема раздробленности в проведении молодёжной политики и в частности, студенческого самоуправления.

Вторая проблема студенческого самоуправления заключается в том, что российская молодёжь в настоящее время является бесформенной, инертной и идеологически раздробленной массой. Такое неприятное положение дел вызвано огромным числом факторов, к которым причисляют: вышеописанную неэффективную реализацию молодёжной политики; отсутствие национальной идеологии, воспитывающей патриотические и морально-нравственные устои; высокую степень проникновения глобализации, несущей с собой идею о верховенстве интересов индивида над общественными интересами и устоями, что несёт за собой расшатывание и нивелирование таких институтов как семья, законопослушание, нравственно-этические принципы в виде презрения к чрезмерному денежному обогащению; распространение западного культа «прожигания жизни», главным девизом которого является «бери от жизни все и не отдавай ни чего». Этот список можно продолжать, а факторы подлежали анализу разных Российских и мировых учёных, таких как А. Дугин, А. Проханов, Рене Генон, и др. [6]

В итоге, на данный момент под влиянием описанных внешних факторов подавляющая часть российского студенчества не видит ничего интересного и перспективного в активном участии в студенческом самоуправлении, их ценностные предпочтения в получении личного эмоционального удовольствия, в виде употребления спиртных напитков или посещения развлекательных заведений или общения в интернете.

Эту серьёзнейшую проблему пассивности студента способны решать студенческие организации самоуправления. Исходить нужно из того, что к данному вопросу должен быть комплексный и поэтапный подход. Для начала, необходимо определится с целью, то есть, решить, что должно получиться в идеале. Для нас это максимальное вовлечение людей в студенческие организации. Для этого нужно каждой студенческой организации сформировать вокруг себя информационное пространство, которое реально бы мотивировало студентов принимать участие в мероприятиях и работе той или иной студенческой организации. Мероприятия, которые должны привлекать новых участников, должны быть актуальными, увлекательными, интригующими, динамичными и вызывающими живую дискуссию, только такими методами можно добиться максимального интереса со стороны нейтрального большинства студенчества.

Важно понимать, что особенно важна роль студенческого актива, который занимается организацией мероприятий в рамках направлений. Именно эта категория активного студенчества максимально приобретаем управленческие качества.

И также нужно понимать, что далеко не в каждом ВУЗе может найтись актив, который мог бы проводить много качественных и ярких мероприятий. Эту объективную данность сможет решить только объединение студенческих организаций по направлениям. Например, такие студенческие организации как студенческие советы ВУЗов, должны объединяться в единые организации по территориальному признаку, для совместных усилий активов студенческих советов в реализации общих целей и задач, обмена опытом, проведения сложно организуемых мероприятий и налаживания дружных связей между участниками этих процессов.

Ещё о многом можно сказать, так как на сегодняшний день перед институтом студенческого самоуправления стоит масса задач. Возможность успешного решения этих вопросов может появиться в случае мобилизации всей активной и амбициозной молодёжи. Поэтому необходимо продолжать проводить совместные встречи, дискуссии и обсуждения, для выработки наилучшей стратегии развития студенческого самоуправления, ведь именно посредством самоуправления возможно сформировать образовательную среду вуза, направленную на развитие качеств, необходимых управленцу.

Вовлечение студентов в общественную деятельность оказывает мощное влияние на развитие лидерских способностей. В первую очередь это имеет огромное и позитивное влияние на познавательное и эмоциональное развитие. В соответствии с исследованием американского психолога Р. Гарольда, по крайней мере, дюжина специфических умений может быть развита через участие в студенческих организациях и общественной деятельности. Эти способности обладают ценностью не только в настоящем опыте этих организаций, но и позднее в профессиональной работе. Гарольд выделяет такие способности ,как лидерские способности, способности межперсонального взаимодействия, способности планирования программ, способности принятия решений, разрешения проблем, разрешения конфликтов, способности к критическому мышлению, способности к постановке целей, делегирования полномочий, управления финансами, привлечения к сотрудничеству, способности к общественной деятельности. Только тот студент может в полной мере достичь целей высшего образования, который непосредственным образом вовлечен во внеучебную деятельность [7]. Воспитательная работа в системе российского высшего образования опирается на исторически сложившиеся традиции евразийской цивилизации. Ее основными принципами являются всеобщность образовательного пространства, сочетание общечеловеческих ценностей с национальными и региональными традициями, уважение к труду и профессионализму, приоритет духовного над материальным, нравственное, эстетическое, экологическое и патриотическое воспитание, приоритет здорового образа жизни, эффективность социального взаимодействия, свободное самоопределение и самореализация личности.

Очевидно, что интерес к общественной деятельности в студенческой среде возрастает. Молодые люди, получающие высшее образование, стремятся не только реализовывать свои художественные таланты, но ищут и другие способы приложения сил и способностей. Задача высшего учебного заведения предоставить своим студентам возможность самореализации. Вовлечение во внеучебную деятельность влияет на внутренний мир человека. Внеучебная деятельность учит важности и ценности служения обществу, гражданской ответственности и этике. Она дает возможность практиковать личностную гражданскую ответственность через сотрудничество с другими и развивать такие ценности, как честность, гражданское самосознание, сострадание, ценность культурного разнообразия, устойчивость к окружающей среде и т. д. Все эти способности и ценности, развивающиеся высшим образованием, помогают личности становиться настоящим специалистом-управленцем, соответствующим духу эпохи.

Таким образом, для создания образовательного пространства, направленного на развитие профессиональных качеств управленца необходимо задействовать весь арсенал воспитательных мероприятий, и самым эффективным из них является студенческое самоуправления. Развитие студенческого самоуправления в учебных заведениях - это важнейшая задача, которой нужно уделять особое внимание российской общественности и государству, так как в недрах студенчества находятся масса талантливых и способных людей, которые могут стать общественной, политической и экономической элитой России! Но для этой потенциальной элиты необходим практический опыт, который невозможно получить на лекционных занятиях, ведь этот опыт представляет собой получение таких навыков, как коммуникация, умение работать в команде, слушать других, быть инициатором идей и доводить до конца все свои проекты. Увы, такие способности сложно развить в обыденной учебной студенческой жизни, но такой общественный институт, как студенческое самоуправление, в состоянии воспитать и развить способности молодого человека, сформировать и подготовить его к «большому» миру как ответственного, целеустремлённого, коммуникабельного и образованного профессионала. В дальнейшем, исходя из объективной потребности в развитии студенческого самоуправления, необходимо выявить и систематизировать проблемы, стоящие перед институтом молодёжного самоуправления и подготовить такие же комплексные ответные решения.

Литература

1. Рекомендации «О развитии студенческого самоуправления» Министерства образования РФ от 14.07.2003, № 15 51-68/15-01-15
2. Резолюция Всероссийского студенческого форума. - М., 2001.
3. Литосова Л.М. Студенческое самоуправление как составная часть воспитания студента: Материалы Всероссийского форума студенческих общественных объединений, Екатеринбург, 2011. – 123с.
4. Рекомендации по развитию студенческого самоуправления в высших средних специальных учебных заведениях Российской Федерации // Приказ Минобразования России от 21.06.2002 г. № 2329.
5. Шарыпин А.Л. Формирование профессиональной активности студентов в различных формах коллективной самоорганизации: Материалы Всероссийского форума студенческих общественных объединений, Екатеринбург, 2012. – 174с.
6. Глебов Г. А. Оновополагающие проблемы развития молодежного самоуправления и варианты их решения:

Материалы Всероссийского форума студенческих общественных объединений, Екатеринбург, 2013. – 106с.
7. Таран Т.Е. Роль студенческого самоуправления в вузе: Материалы Всероссийского форума студенческих общественных объединений, Екатеринбург, 2012. – 162с.

12. Государственная политика обеспечения качества и безопасности пищевых продуктов

Борцова Е.
Кандидат экономических наук, доцент
Кафедра технологий питания
Уральский государственный экономический университет
Ракульцева Н.
Аспирант
Кафедра технологий питания
Уральский государственный экономический университет
Лаврова Л.
Кандидат технических наук, доцент
Кафедра технологий питания
Уральский государственный экономический университет
Мажаева Т.
Кандидат медицинских наук, доцент
Кафедра технологий питания
Уральский государственный экономический университет

Аннотация

Вступление Российской Федерации в ВТО определило необходимость изменения нетарифных методов регулирования мировой торговли, и внедрения практики анализа рисков, связанных с фактором питания, применяемых всеми странами-участницами ВТО. Актуальными для каждой организации является практика оценки внедрения рисков и формирование доказательной базы в вопросах качества и безопасности пищевых продуктов, реализуемых населению. Предмет исследования: практика внедрения технического регулирования на предприятиях продовольственного рынка. Цель исследования: изучение классификации рисков, связанных с фактором питания, направлений гармонизации в области нормативно-технических документов. Использованные методы исследования: обзор и анализ нормативно-правовой базы. Результатом исследования являются определение статистических данных относительно изменения динамики наступления неблагоприятного события, содержание и классификация рисков, связанных с фактором питания. Область применения результатов исследования – формирование модели управления рисками. Основные выводы: практика технического регулирования позволит гармонизировать требования, предъявляемые к качеству и безопасности пищевых продуктов на мировых рынках.

Современные требования к организации международной торговли в Российской Федерации претерпели в последнее время значительные перемены. Данный тезис актуален, прежде всего, в связи с вступлением РФ во Всемирную торговую организацию. До настоящего времени нет однозначной оценки последствий данного шага для национальных производителей. Авторы статьи ставят цель изучить последствия изменений в области технического регулирования для операторов национального продовольственного рынка в свете присоединения к ВТО и проанализировать необходимость гармонизации национального законодательства с мировой практикой регулирования требований в области безопасности и качества, предъявляемом к пищевым продуктам [1,2].

Российская практика технического регулирования в области безопасности и качества продукции реализуется, начиная с принятия ФЗ № 184 «О техническом регулировании» от 2002 г., в котором декларировалась необходимость отмены обязательной стандартизации, а также разработка и поэтапное внедрение технических регламентов на группы пищевых продуктов [3]. Введенные изменения позволили существенно увеличить ассортимент выпускаемой продукции, перейти к модернизации производственных мощностей и, как следствие, внедрению современных конкурентоспособных технологий производства и обработки пищевых продуктов. Переходный период, в течение которого необходимо было представить и утвердить технические регламенты, составлял пять лет. Начиная с 2007 года, была отменена обязательная сертификация и субъектам продовольственного рынка вменялась в обязанности самостоятельно декларировать качество и безопасность производимых пищевых продуктов. За указанный переходный период была разработана лишь часть технических регламентов в области регулирования требований безопасности и фактически пролонгирован переходный период, так как технические регламенты были разработаны частично и не на все продовольственные группы. К числу опубликованных технических регламентов относят документы на соковую, молочную, масложировую продукцию. На сегодня наиболее важным документом в области технического регулирования остается Технический регламент Таможенного Союза ЕврАзЭС «О безопасности пищевой продукции».

С созданием Таможенного Союза ЕврАзЭС возникла необходимость в гармонизации национальных законодательств стран – участниц, в том числе в области технического регулирования. Таким документом, регулирующим деятельность, становится свод технических регламентов, где прописаны основные требования к безопасности по различным группам рисков. Основанием для разделения рисков на группы являются принципы ХАССП (в английской транскрипции HASSP – Hazard Analysis and Critical Control Points), которые выделяют минимум четыре группы рисков: химические, физические, биологические и аллергены.

В Свердловской области 75% населения испытывает комплексную химическую и 46% биологическую нагрузку, которая формируется с водой, атмосферным воздухом, почвой, и продуктами питания.

На протяжении последних пяти лет в области наблюдается стабильное ухудшение качества продуктов питания. Отмечается рост неудовлетворительных проб по санитарно-химическим и физико-химическим показателям в том числе: по рыбной продукции - на 14%, по овощам и бахчевым - на 8%. Остаются высокими уровни химического загрязнения в продукции птицеводства (8,5%), хлебобулочных и кондитерских изделиях (7,9%), алкогольных напитках (14,3%). Наблюдается неблагоприятная тенденция по микробиологическому загрязнению пищевых продуктов, удельный вес неудовлетворительных проб увеличился с 5,3% в 2007 году до 6,2% в 2011 году. Представленные данные подтверждают необходимость внедрения оценки риска в связи с растущими нагрузками в регионе. В таблице 1 представлена классификация рисков, связанных с фактором питания [4].

В главе 3 Технического регламента Таможенного Союза ЕврАзЭС «О безопасности пищевой продукции» прописаны требования к процессам производства (изготовления), хранения, перевозки, реализации и утилизации пищевой продукции. В данном разделе документа даются основные принципы формирования и управления системой безопасности, основанной на оценке риска [5]. Несмотря на прямую ссылку на принципы ХАССП в процессе производства и оборота пищевых продуктов, часть контролируемых критериев, представленных в регламенте, приведены не в полном объеме, например, отсутствуют требования к зданиям и территории. Кроме того, система ХАССП является динамично развивающейся, что должно находить отражение в документах, которые представляют доказательную базу работающей системы безопасности пищевых продуктов и демонстрировать постоянные новации, улучшающие показатели системы.

Таблица 1

Классификация риска пищевых продуктов

Критерии риска по системе HASSP	Содержание риска
Биологического	Биологические риски связаны с деятельностью микроорганизмов, простейших и вирусов, которые в ходе транспортировки, переработки, упаковки, хранения, распределения и потребления могут причинить угрозу здоровью человека.
Химического	Химические риски представлены двумя группами: натуральные яды, которые составляют элементарный состав сырья; привнесенные яды, представленные пестицидами, удобрениями, антибиотиками, пищевыми добавками, смазочными материалами и др.
Физического	Наличие любого материала, который в естественном состоянии не присутствует в пищевом продукте.
Состояние пищевых продуктов	Органолептический и микробиологический анализ

Таким образом, процесс гармонизации технических требований в Российской Федерации находится в начальной стадии, многие операторы рынка слабо информированы о международной практике регулирования безопасности пищевых продуктов. Переходный двухлетний период внедрения Технического регламента Таможенного Союза ЕврАзЭС «О безопасности пищевой продукции» позволит привести в соответствие принципам ХАССП материально-техническую базу операторов рынка, сформировать доказательную документацию, обучить персонал.

Литература

1. Kristal M. Bessel, Jill E. Hobbs William A. Kerr. Liability, Traceability and Transboundary Marketing// Journal of International Food & Agribusiness Marketing Volume 18, Issue 1-2, 2006

2. Arthur P. J. Mol, Harriet B. Food risks and the environment: changing perspectives in a changing social order// Journal of Environmental Policy & Planning - Volume 4, Issue 3, 2002.
3. Федеральный Закон Российской Федерации «О техническом регулировании» № 184 от 27 декабря 2002 г.// Российская газета. – 2002. - № 245.
4. БорцоваЕ.Л., Лаврова Л.Ю. Оценка риска безопасности пищевых продуктов для обеспечения методических основ санитарно-эпидемиологического страхования // Инженерный вестник Дона выпуск 1 2013г. [Электронный ресурс].— Режим доступа: http://ivdon.ru/magazine/archive/n1y2013/1588 (дата обращения 15.04.13).
5. Технический регламент Таможенного Союза ЕврАзЭС «О безопасности пищевой продукции»// сайт Таможенного союза [Электронный ресурс]. URL: http://www.tsouz.ru/db/techreglam/Documents/TR%20TS %20PishevayaProd.pdf (дата обращения 15.04.13).

Modern tendencies of managing organizations: European practices and possibilities for Russia

Современные тенденции управления организацией: европейская практика и возможности для России

Wadim Strielkowski (eds.)

Под редакцией В. Стриелковского

Published by the Charles University in Prague
Faculty of social sciences
Издательство Карлова Университета в Праге
Факультет общественных наук

Smetanovo nábř. 6, 110 01
Praha 1, Czech Republic
www.fsv.cuni.cz

ISBN 978-80-87404-39-3

First edition
Первое издание

Prague 2013
Прага 2013

www.ingramcontent.com/pod-product-compliance
Ingram Content Group UK Ltd.
Pitfield, Milton Keynes, MK11 3LW, UK
UKHW041934190726
13854UKWH00004B/1580

9 788087 404393